消えた山人
昭和の伝統マタギ

千葉克介 著

農文協

まえがき

昭和五十四年、『消えゆく山人の記録　マタギ』が翠楊社から刊行された。著者は秋田県角館町（現・仙北《せんぼく》市）生まれで、秋田魁新報の記者、角館支局長を務めた太田雄治さん（大正二年生まれ、故人）。東北地方の山間に暮らし、山の神を信仰した半農の狩猟民、マタギの謎を追って、三十余年にわたり各地のマタギ集落で採集した資料や習俗、山言葉（マタギが山で使う言葉）を集大成し、途中、版元を変えながらも、版を重ねた名著である。私のマタギとの出会いは、太田さんとの出会いから始まった。

大正末から昭和にかけて、角館には柳田國男の民俗学や澁澤敬三を中心とするアチック・ミューゼアムの運動や研究に参加するグループがあった。角館在住で民俗研究家の武藤鉄城、富木友治、富木隆蔵、太田雄治らが精力的に活動していた。

昭和四十七年、角館の歴史や民俗・文化を紹介するタウン誌『里　かくのだて』の編集人だった太田さんから、表紙や口絵の写真の依頼があり、それから太田さんとの交流が始まった。あるとき太田さんから、山形の地方出版社にマタギの原稿を預けているが、数年も棚上げになっているという話を聞いて、東京の知人の出版社（翠楊社）を紹介したところ、出版が決まった。私がマタギの資料写真の撮影に協力することになり、太田さんに同行して秋田・岩手県内のあちこちで撮影を続けた。もともとマタギには興味はなかったが、しだいにマタギと民俗学の虜になり、マタギに同行取材を重ね、さらに興味が増し、深入りしていった。

マタギは私の取材に際し、次の約束を提示した。

一　ブッパ（撃ち手）が一発銃を撃つまでシャッターを切ってはならない。
二　クマが勢子《せこ》（追い手）に追い上げられて来る間は身動きしてはならない。
三　声を出してはならない。

四　ブッパの側にいてクマが来るのを待つこと。

五　仕留められたクマにすぐに近づいてはならない。クマが死んだふりをして、急に襲いかかる場合もある。

この条項を厳守することを誓って、昭和五十七年から平成二年までの九年間、各地のマタギの狩りや行事に参加し、撮影を続けた。マタギは「山をまたぐ」が語源と言われるほどよく歩き、一日十㎞や数十㎞は当たり前だった。最後の伝統マタギである百宅《ももやけ》マタギ、玉川マタギのところには、それぞれ十回、二十回と通い、狩り、ケボカイ（皮はぎの神事）、熊祭り、山の神祭り、小屋がけ、火起こし、昭和初期の装束や猟具などを記録した。

伝統を引き継ぎ、シカリ（マタギの頭領）のもとで山を駆けめぐったマタギたちは、ほとんど故人となってしまった。時代は変わり、クマ狩りはハンターのスポーツとなり、山や獣たちにマタギたちが持っていた畏敬の念も、風習も消えてしまった。山も姿を変え、人々の記憶からマタギたちの真実は失われてしまった。玉川集落は平成二年に玉川ダムに水没し、百宅集落も鳥海ダムの建設により消えようとしている。

残念ではあるが、時の流れはあまりに急で休むことがない。まして再びあの姿を見ることはないだろう。撮りためた写真を元に、かつて山を生活の場としたマタギたちのことを残しておきたいと思い、写真を整理し、筆をとった。時代が進み、振り返るときが来たときに、この記録がささやかな足がかりになれば幸いである。

目次

■秋田県内の主なマタギ集落と取材地

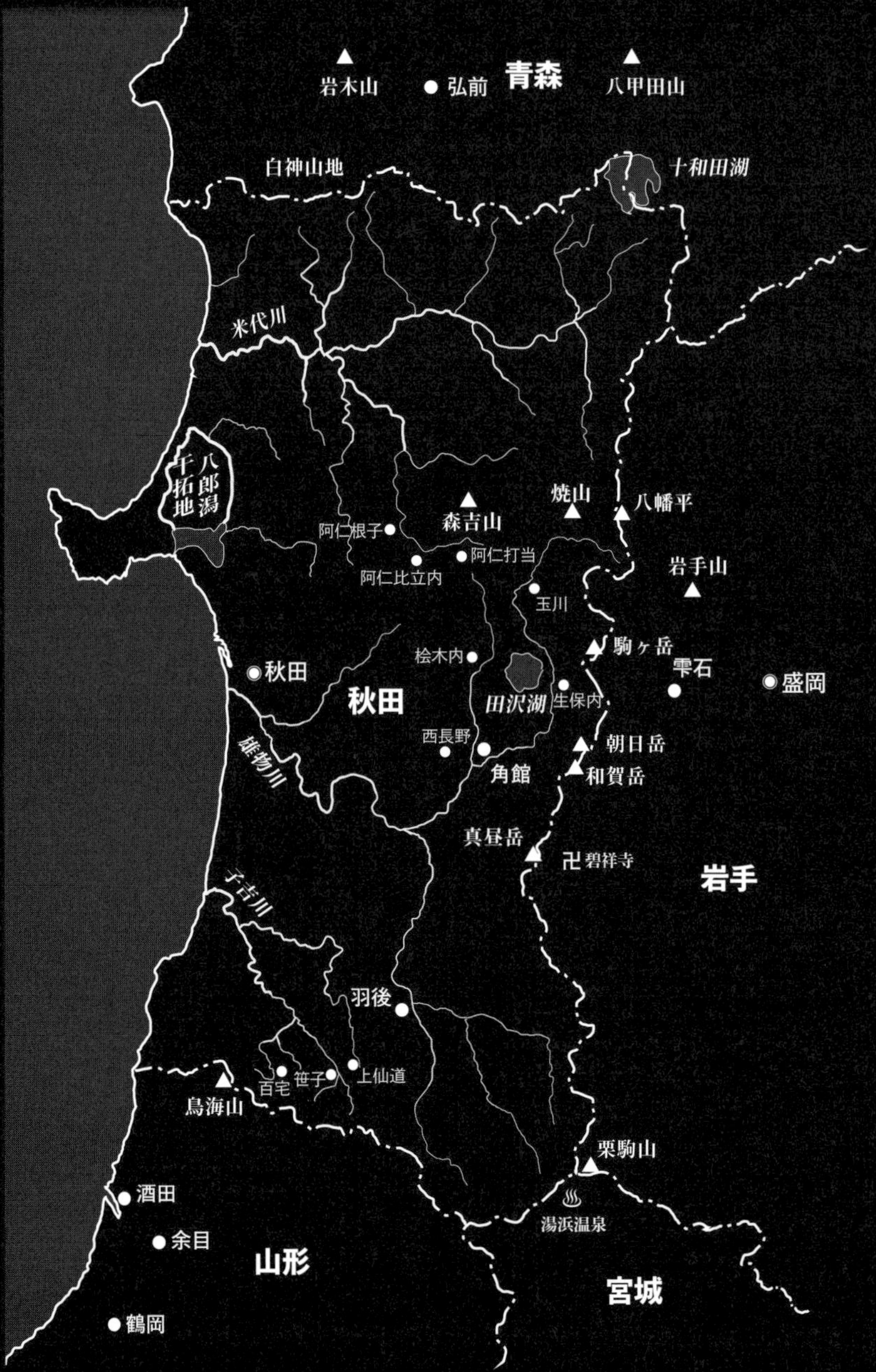

伝統的なマタギの世界
──大正・昭和初期の姿

ワラや毛皮で作られた装束や履物は、軽装でも保温性・機能性に優れる。先がヘラ形の木の杖で、雪べらやカモシカを撲殺する猟具としても用いたコナギヤをはじめ、道具類も合理的。一方、山の神は醜女《しこめ》と信じられ、オコゼを見せて神の機嫌をとった。

《資料提供》玉川：田沢湖町郷土資料館（平成二十九年閉館）／桧木内《ひのきない》：西木村桧木内公民館（取材当時）／碧祥寺：碧祥寺博物館（岩手県和賀郡西和賀町・旧沢内村）

装束

テキャシ（毛皮の手袋）。カモシカの毛皮で作ったもの。丈夫で暖かい。ワラ製のテキャシもある。（玉川）

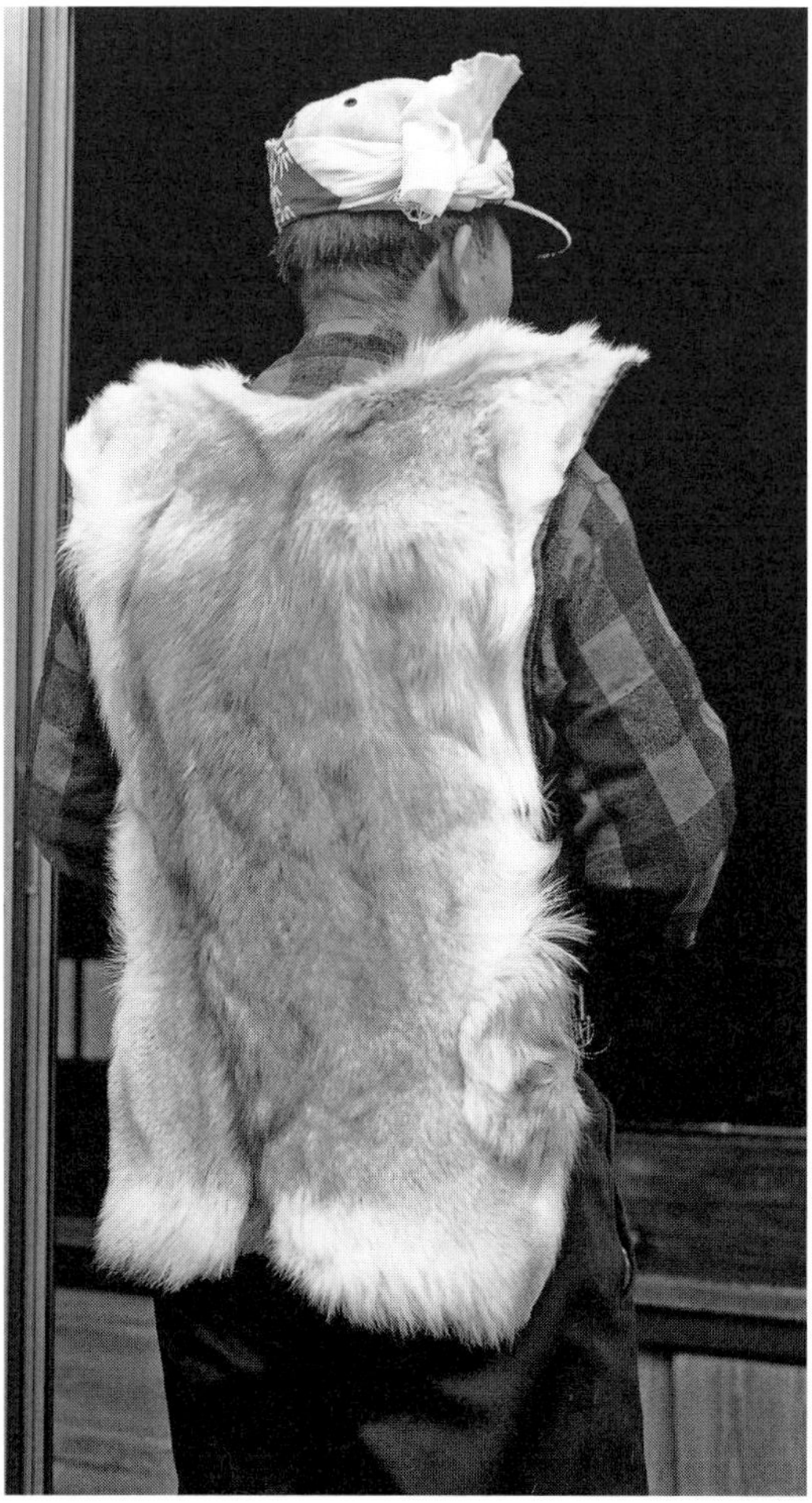

百宅《ももやけ》マタギが使用した犬の毛皮。撮影は昭和60年頃。

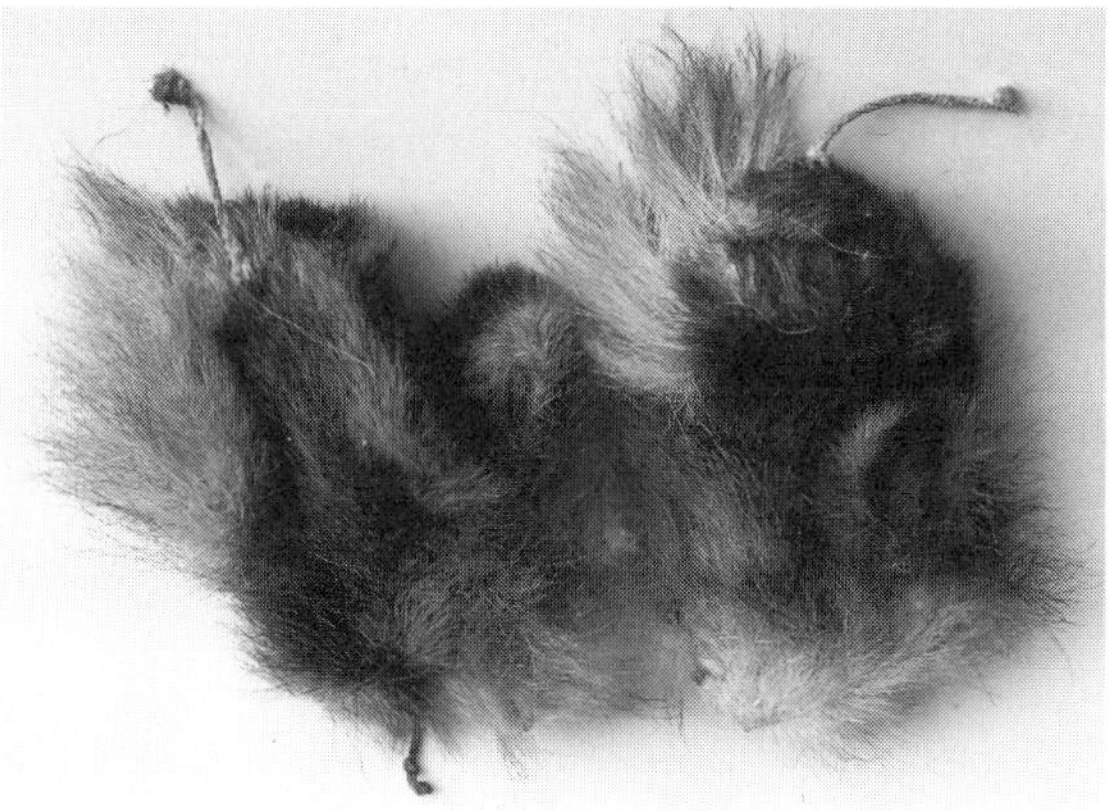

↑テキャシ。カモシカの毛皮製。（碧祥寺）

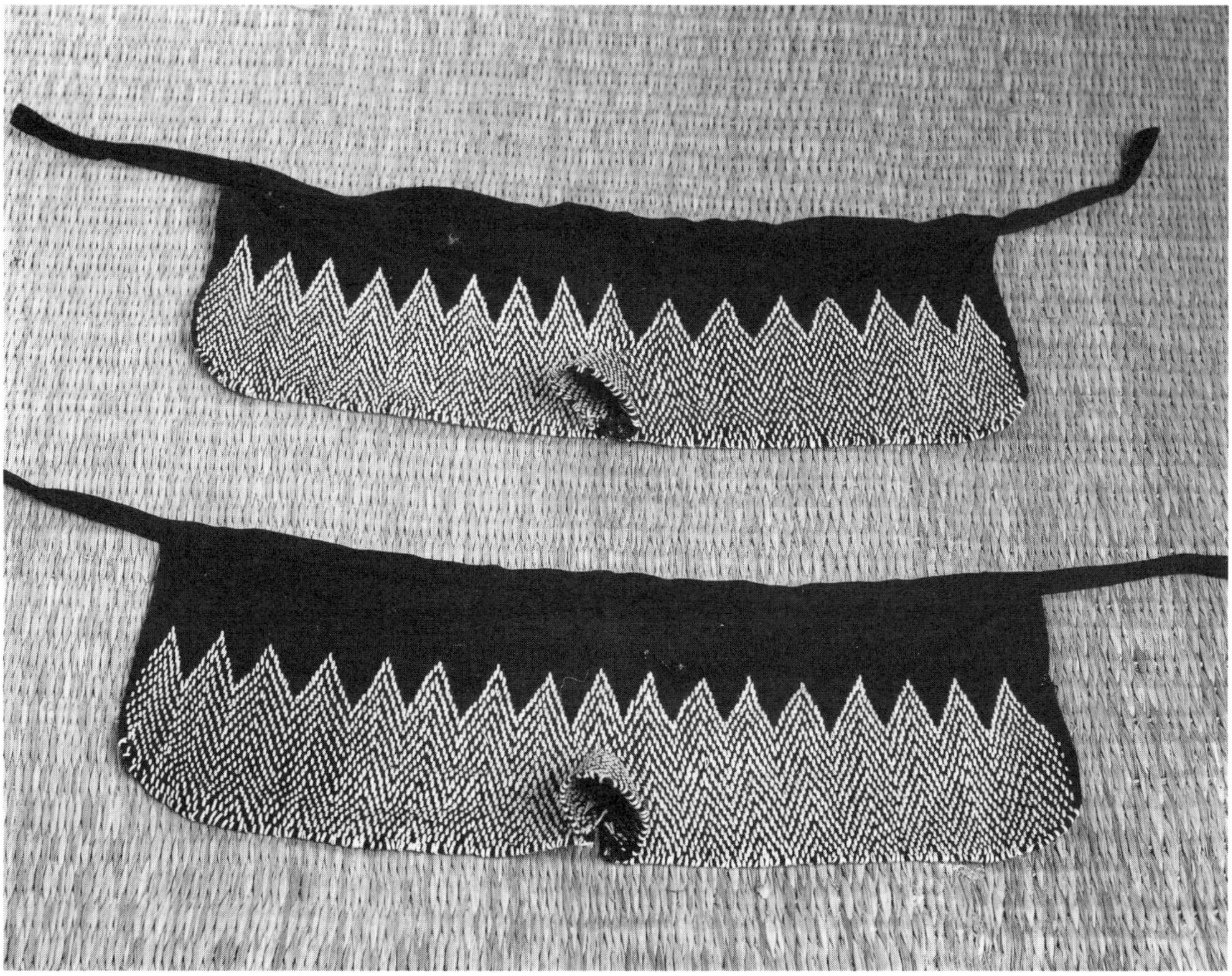

↑小ハンバキ。足に巻きつける靴下のようなもの。刺し子で丈夫に作られている。これをつけてケタビを履いた。（玉川）

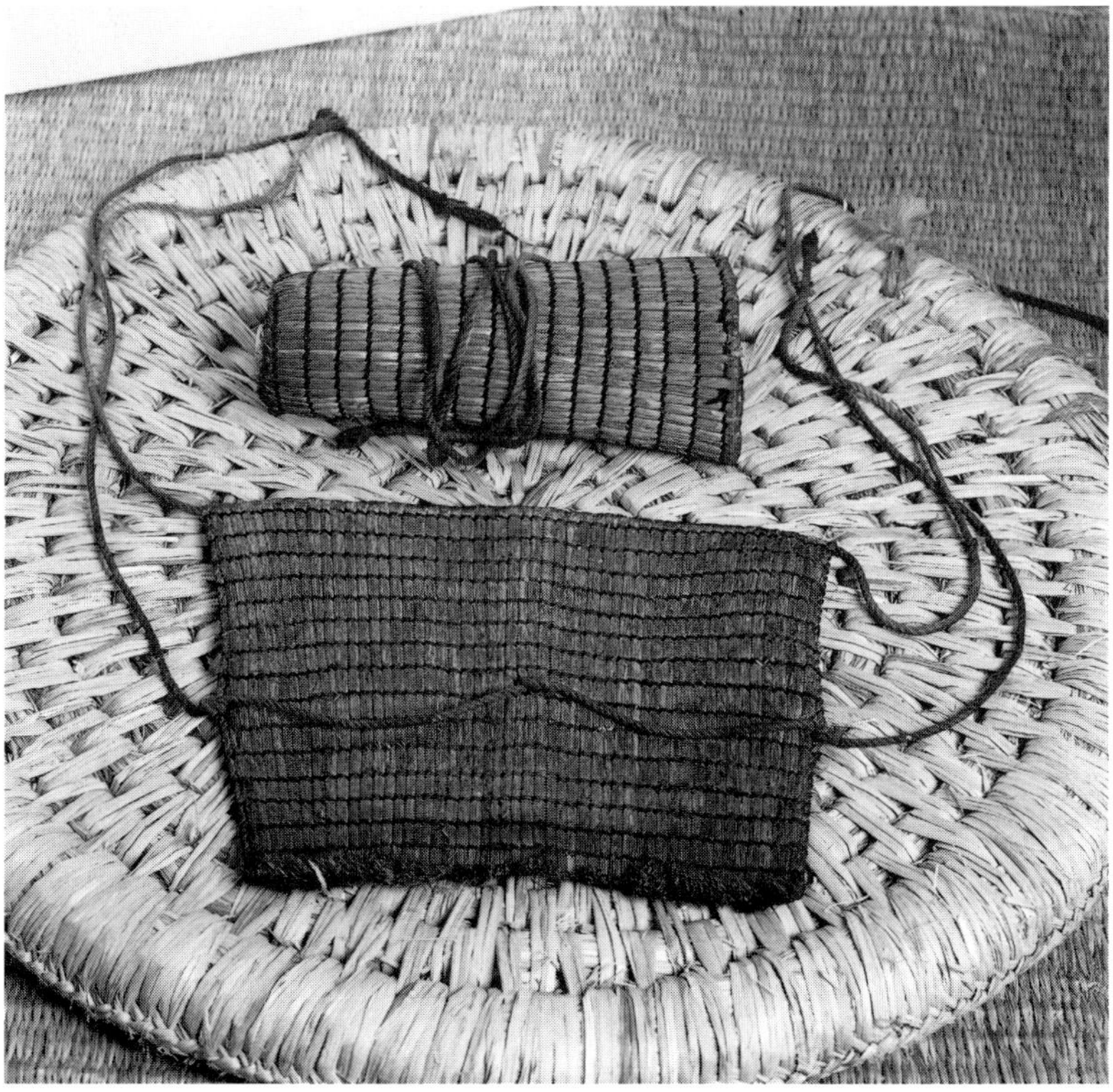

←スネハンバキ（ガマ製）。ハンバキ（ハバキ）はスネ当てのこと。ツマゴワラジの上につける。（玉川）

履物

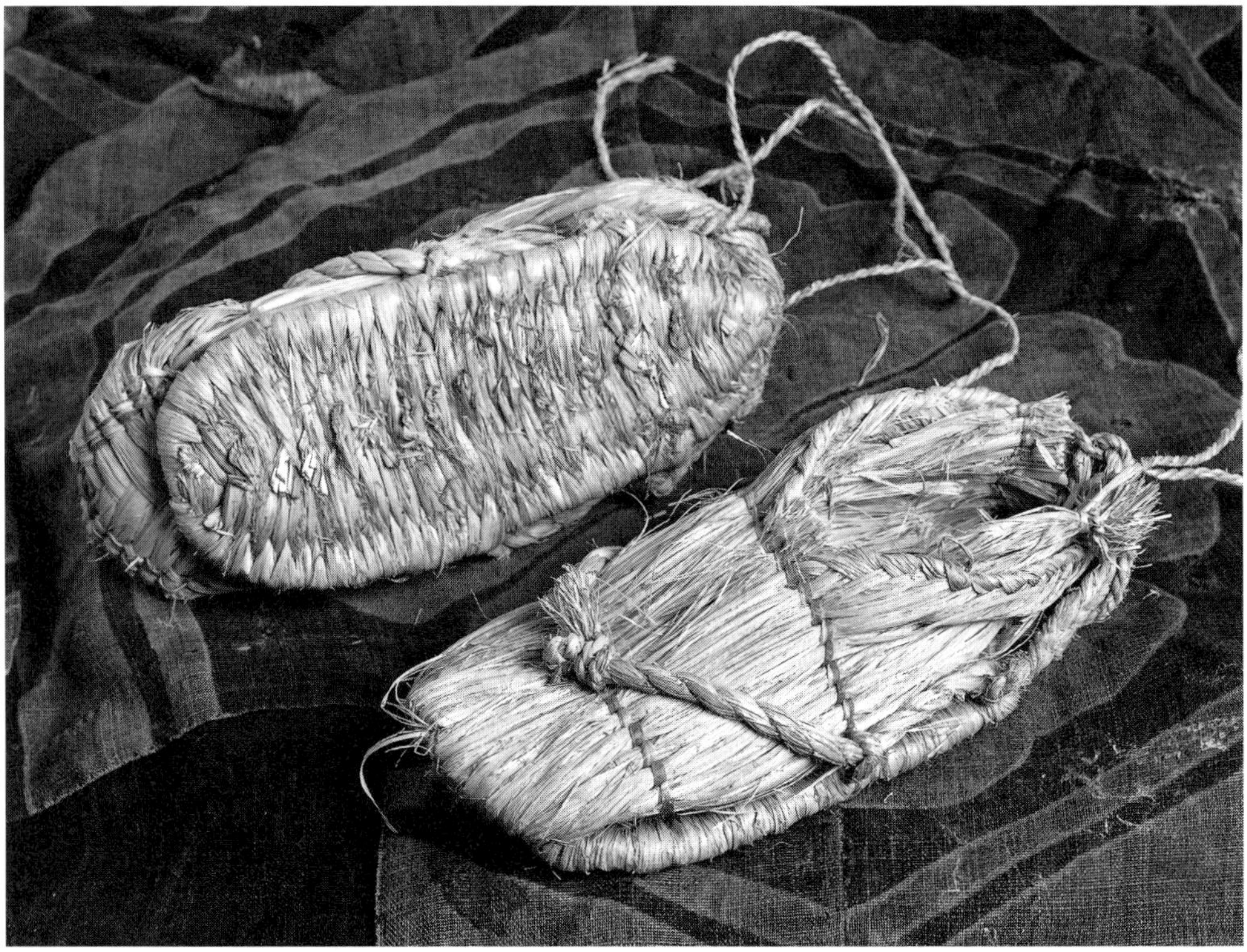

ツマゴワラジ（ワラ製）。靴状のワラジで、マタギの履物は基本的にこれだった。ワラの紐をひねってさし込むだけで装着でき、凍てつく環境でもワンタッチで取り外せる。（玉川）

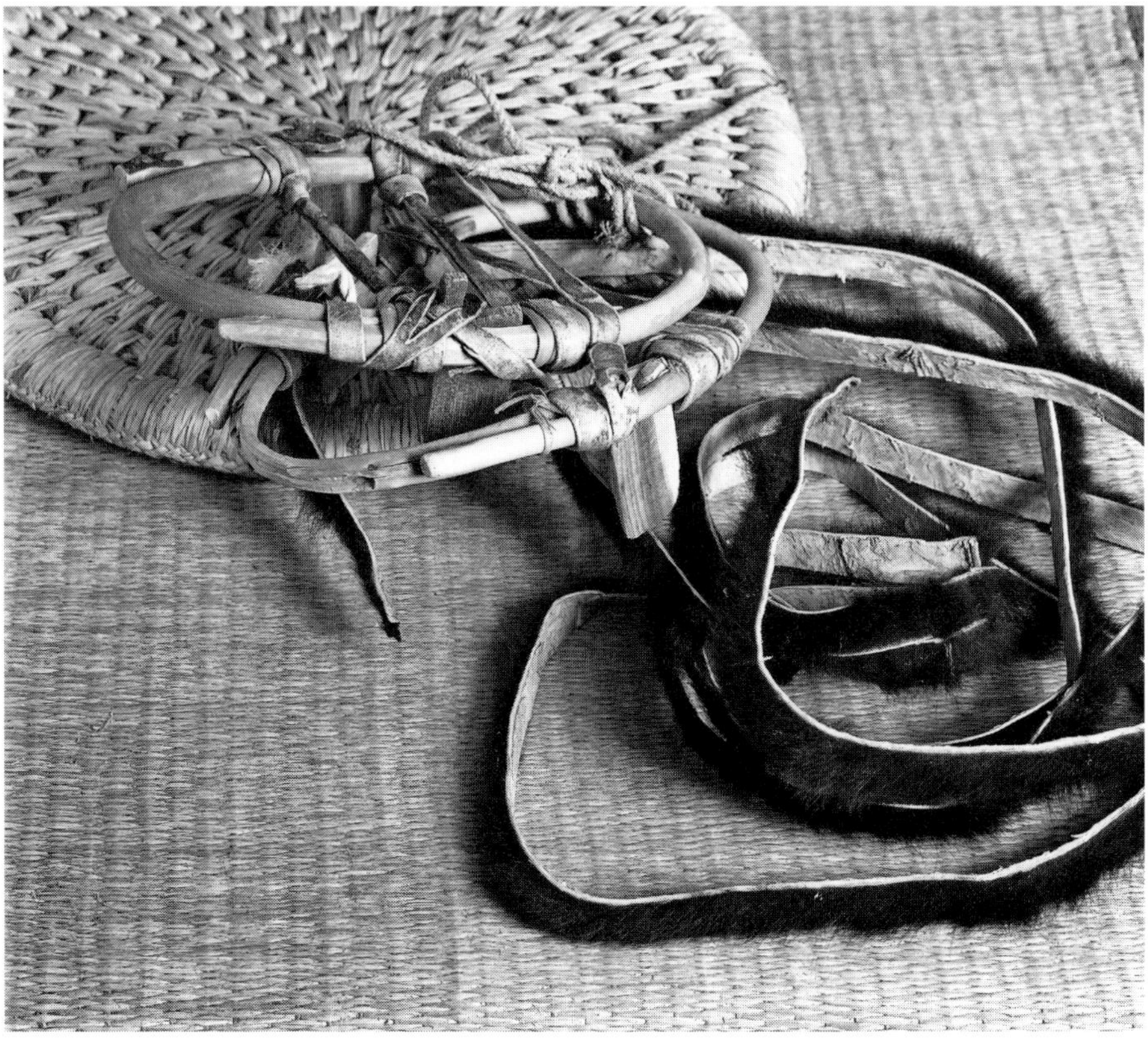

トネリ皮（牛の腹皮）の紐のカンジキ。トネリ皮（右下）は薄く丈夫で、雪や氷の塊もつかないため、紐皮（締め紐、つり紐）として優れる。赤牛の腹皮が最高とされる。（玉川）

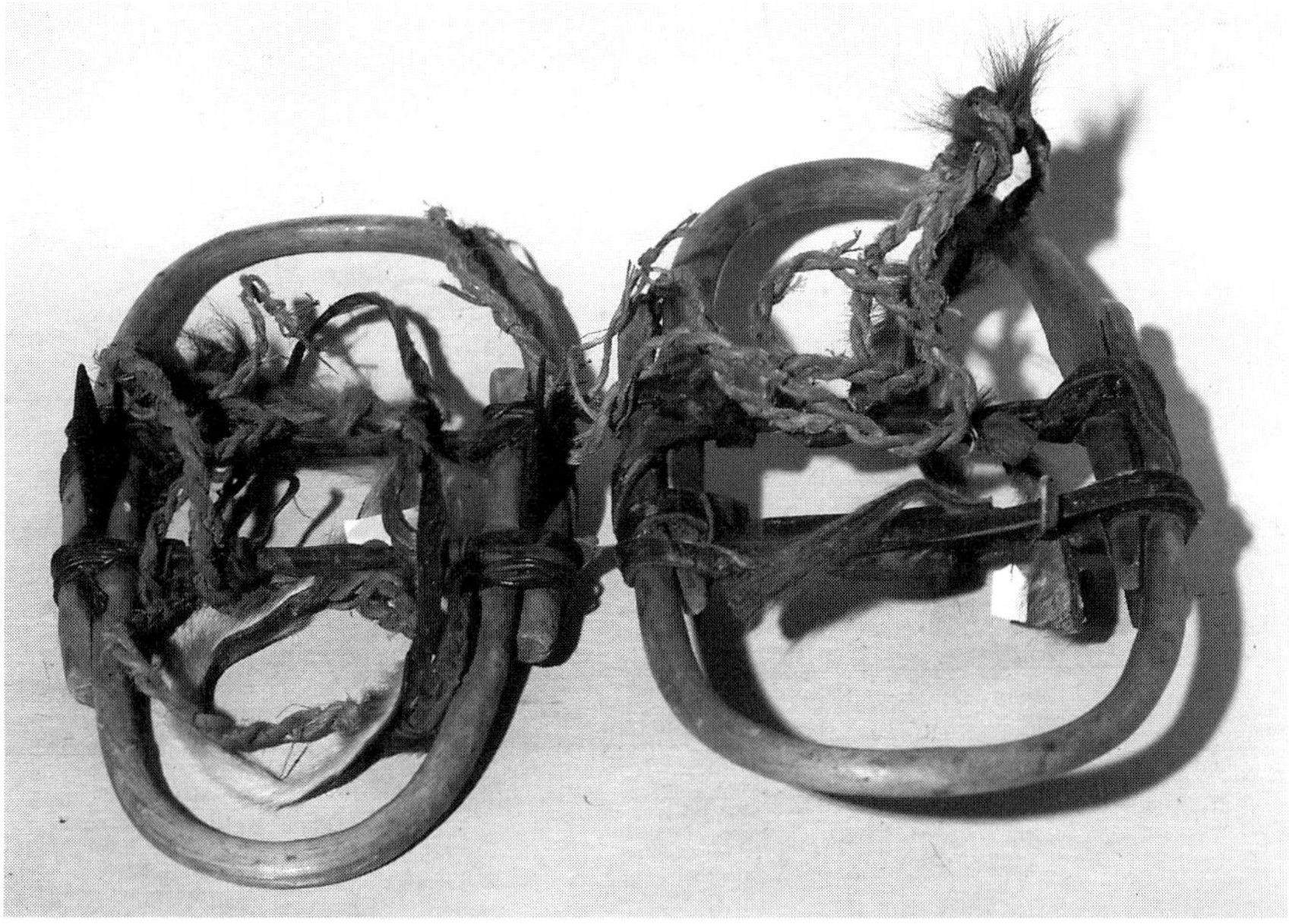

トネリ皮の紐のカンジキ。（碧祥寺）

三本爪の金カンジキ。ツマゴワラジの下につける滑り止めで、固く凍結した雪面でも踏ん張りがきく。（玉川）

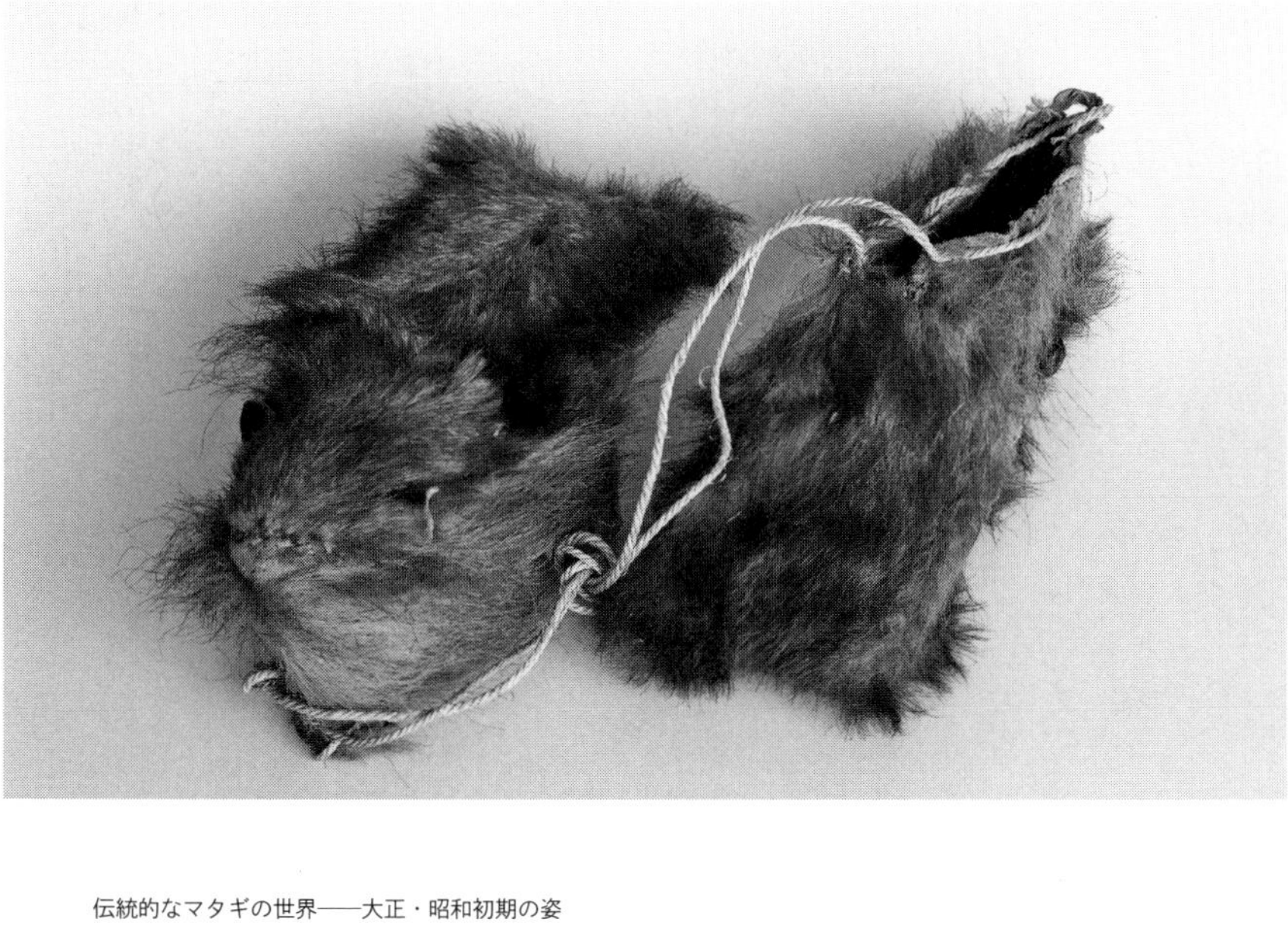

ケタビ（毛足袋）。カモシカの毛皮で作られ、暖かい。裏面（写真左側）の踵部に滑り止めのためカモシカの小爪を２個ずつ付けた。（桧《ひの》木内《きない》）

猟具

↑右から、編み笠、サッテ（雪べら）、コナギャ(杖)。コナギャは先がヘラになっている杖で、イタヤ材（イタヤカエデ）で作り、雪をこぐ（かき分けて進む）のにも使った。アオシシ（カモシカ）は、鉄砲で撃つと毛皮が傷むため、眉間をこれで打ちつけ、撲殺して獲ることもあった。柄の先端をＵ字形に削り、射撃時に銃身を置いて狙いを定める者や、柄に自分が獲ったクマの数を刻む者もいた。サッテは深雪をこぐのに使った。(玉川)

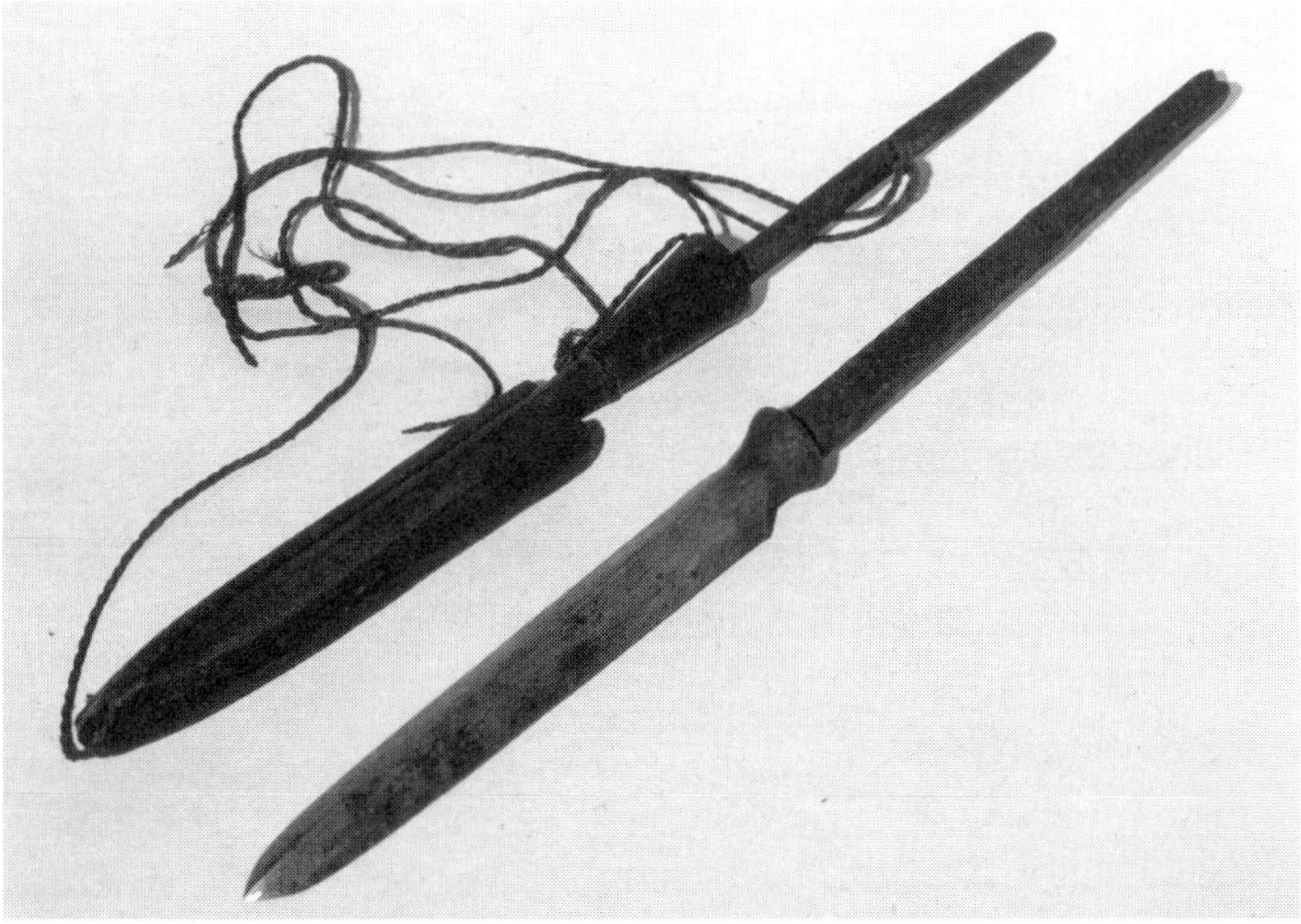

→タテ（槍）の先端。木の柄に挿して目釘で留め、クマ狩りで槍として使用した。冬眠中のクマを穴からいぶり出して突いたと思われる。(碧祥寺)

→ナガサ（山刀）と皮鞘の付いたフクロナガサ。ナガサは先が尖っており、獲物の解体や伐木に用いた。フクロナガサは刀身と一体の柄が筒状で、木の棒を継いで即席の槍とすることもできた。(碧祥寺)

マキリ（小刀）。肉の解体などに用いた。（玉川）

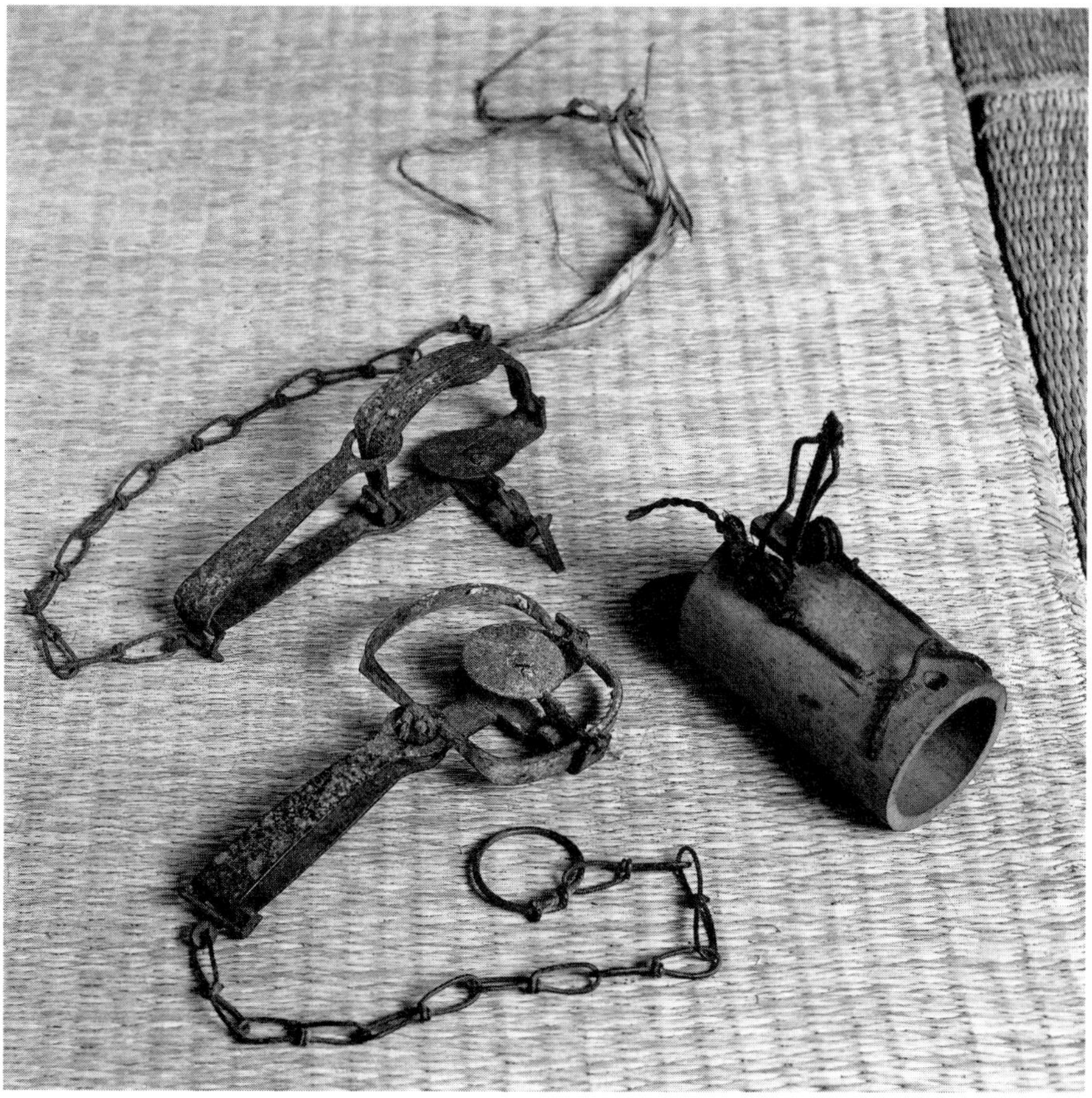

トラバサミと竹筒の罠。イタチ・テンなど小動物用。竹筒は中に小動物が入り餌を食べるとパチンとワイヤーが締まる仕掛け。秋田に竹はなく、他県から取り寄せた。（玉川）

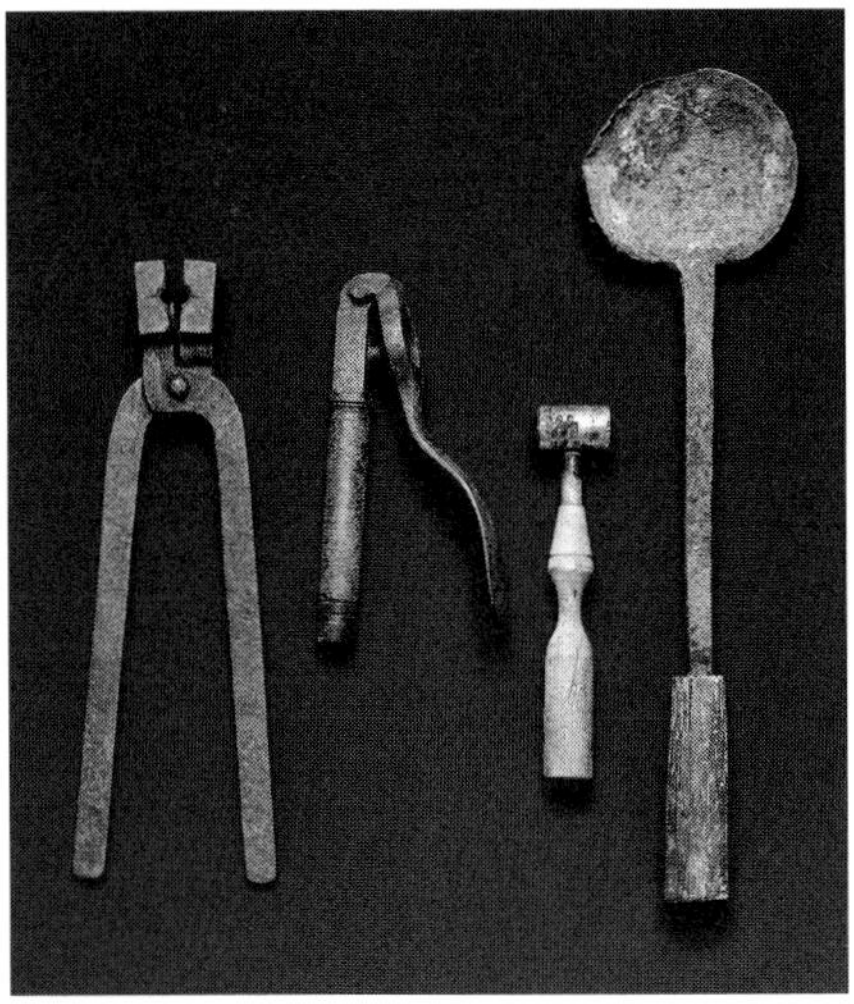

村田銃の弾作り工具。左から、鉛弾の整形器、薬莢に雷管・火薬・鉛弾を詰める工具、火薬入れ、鉛を熔かす匙。（玉川）

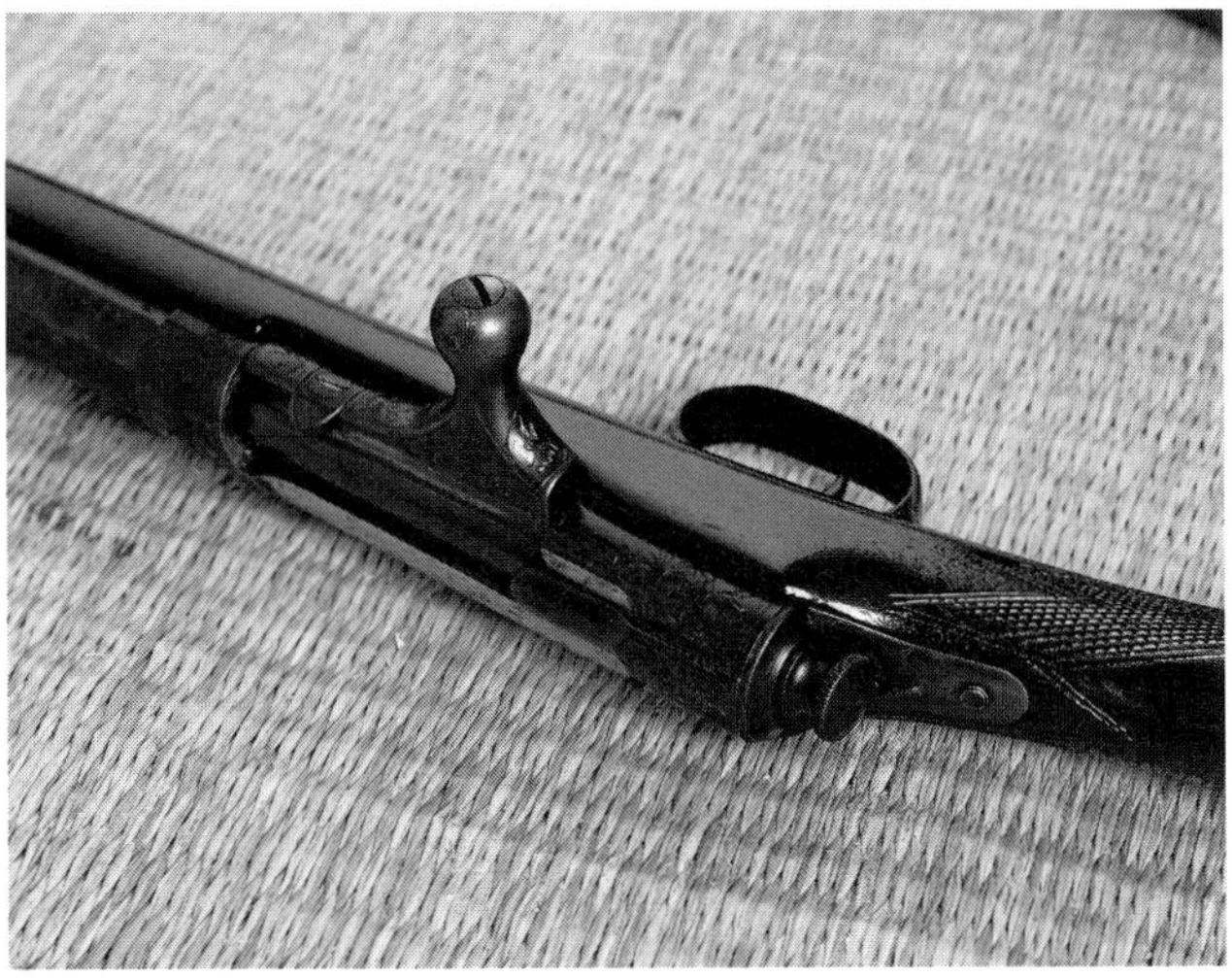

明治時代に製造された村田銃。昭和初期まで仙北地域の狩りで普通に使われていた。（玉川）

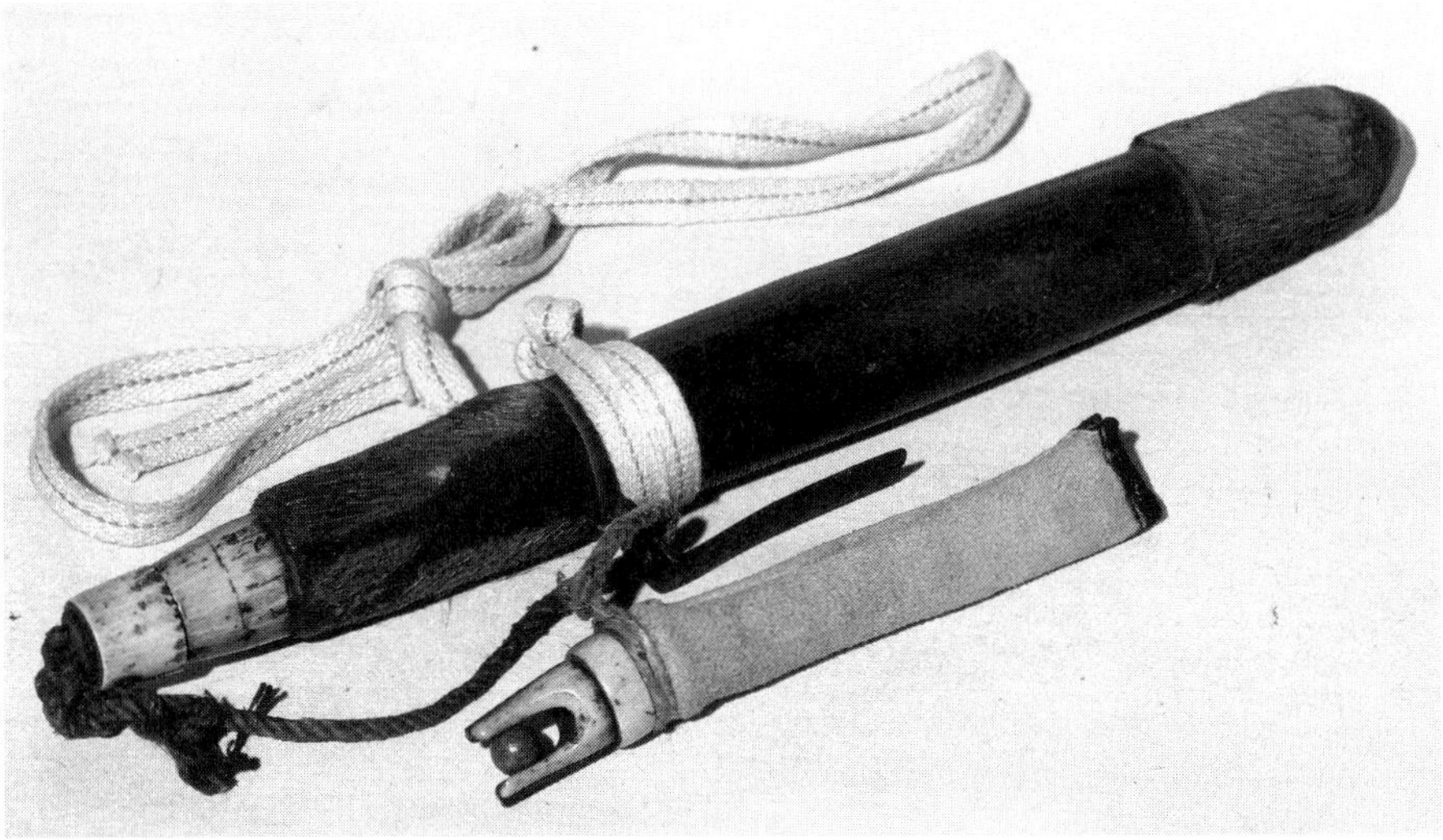

火縄銃の火薬入れと弾入れ。沢内マタギが用いたもの。フタは獣の骨を加工。（碧祥寺）

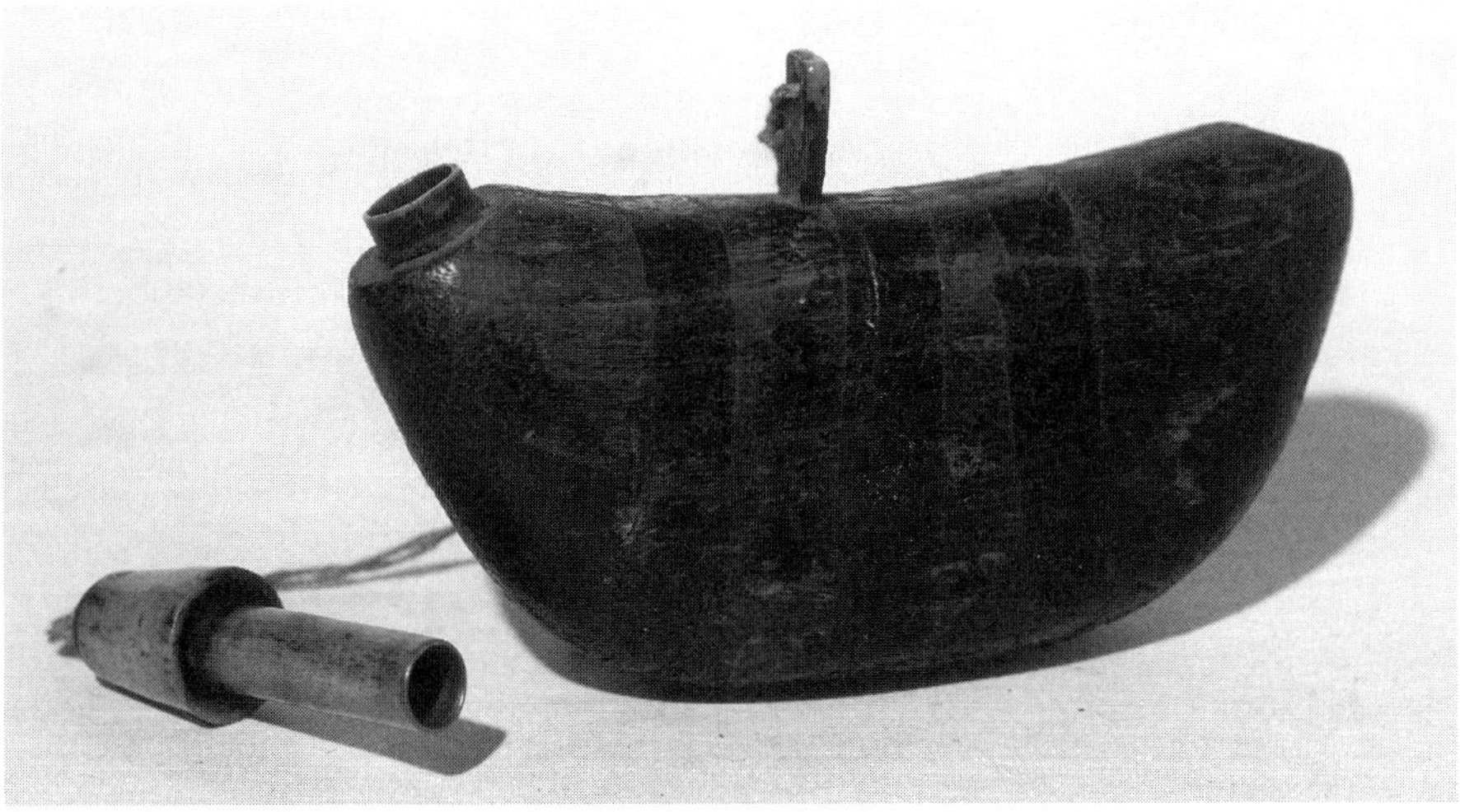

火縄銃の火薬入れ。阿仁マタギが用いたもの。（碧祥寺）

アミモッコ(編み袋の獲物入れ)。ウサギ、ヤマドリ、カモなどを入れた。写真ではシナリ(綱)、ワラド(弁当入れ)、マキリ(小刀)が入っている。(玉川)

火薬づくり用の石臼。木炭、硫黄、硝酸カリウムを磨り潰して混合し、火縄銃や村田銃に使用する黒色火薬を作った。(碧祥寺)

マタギ語源説

マタギには「狩人」と「狩り」の両方の意味がある。マタギの語源には諸説あるが、「山をまたいで歩くから」という説には、「ここから来ているのでは」と思う。普通のマタギでも尾根の三つ四つは越えて、ひたすら歩く。『北越雪譜』(江戸後期、鈴木牧之《ぼくし》の著書)によると、新潟との県境に近い長野県の秘境、秋山郷まで秋田マタギが入り、後に住み着いた人もあり、との記述がある。クマを求めて、執念深く山の尾根をまたいで歩いた。漢字では古くから「又鬼」と書かれる。狩人を指す「山立(やまだち)」が訛ったとする説、アイヌ語で狩りを意味する「マタンキ」を語源とする説もある(マタギの山言葉には、マキリ(山刀)、セタ(犬)、ワッカ(水)などアイヌ語が多くみられる)。

菅江真澄はマダ(マンダ)ハギに由来すると考えた。マダ、マンダとはシナノキ(またはオオバボダイジュ)の秋田方言名。皮をはぎ、水に浸け、内皮を取る。細かく裂き、糸に縒り、平織りしたのがシナ布である。アイヌ文化ではアットゥシ(伝統的なアイヌ文様を刺繍した袖のある上着)になる。マダの皮は縄文時代から使われていた(出土した資料がある)。マダの皮を裂き、ケラ(昔の稲ワラで作った雨具)の肩や背の部分につける作業を、私も子どもの頃に見た記憶がある。たぶん雨の水切れがよいためと思う。昔は笠とケラが雨具として使われていた。マダは里にも多く自生し、八甲田の萱野高原には特に多い。和賀山塊にはマンダの沢などの地名もある。ただし、これがマタギとつながるという説は私には信じがたい。

その他の道具

ワラド（弁当入れ）。ミゴワラ（穂がつく細いワラ）で作られたもの。（玉川）

メシニダラ（飯荷俵）。ワラ製の飯入れ。（桧木内）

ロウソク入れ。マタギ小屋の照明用。（碧祥寺）

クラギャ。マタギの背負い袋のこと。木綿または麻製の紐のついた三角袋で、昼飯や巻物などを入れたと思われる。（碧祥寺）

マタギとイカ釣り

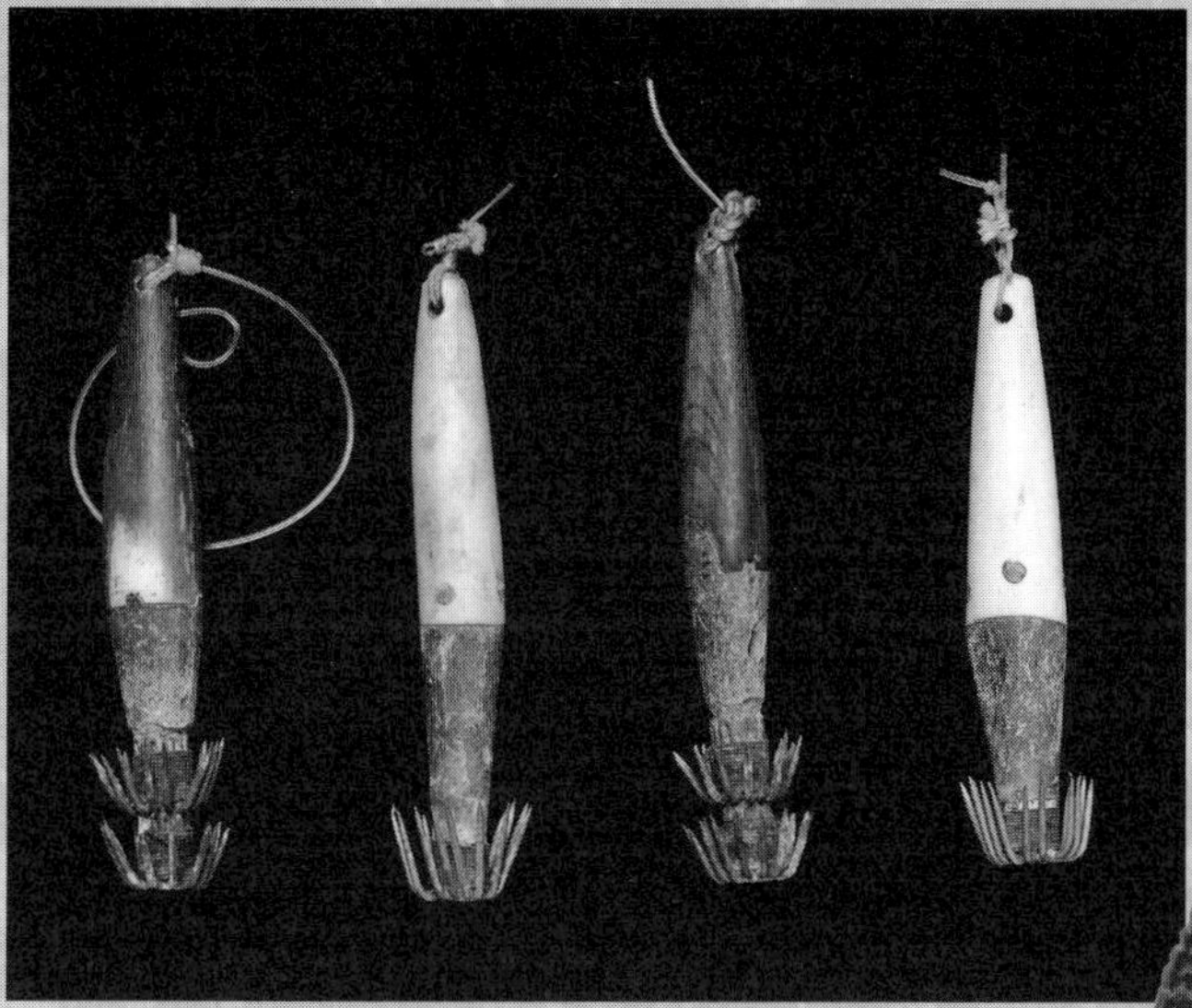

イカ釣り用の擬餌針。飴色の２本がカモシカの角製、黒色の２本が牛の角製。よく釣れるカモシカの角は高級品、海中での光が鈍い牛の角は代用品だった。昭和 54 年、宮城県牡鹿町（現・石巻市）の網元だった家で譲り受けたもの。現代の擬餌針はプラスチック製。

↓カモシカの角。イカ釣りの擬餌針の材料として漁場の近くの加工職人に売った。（碧祥寺）

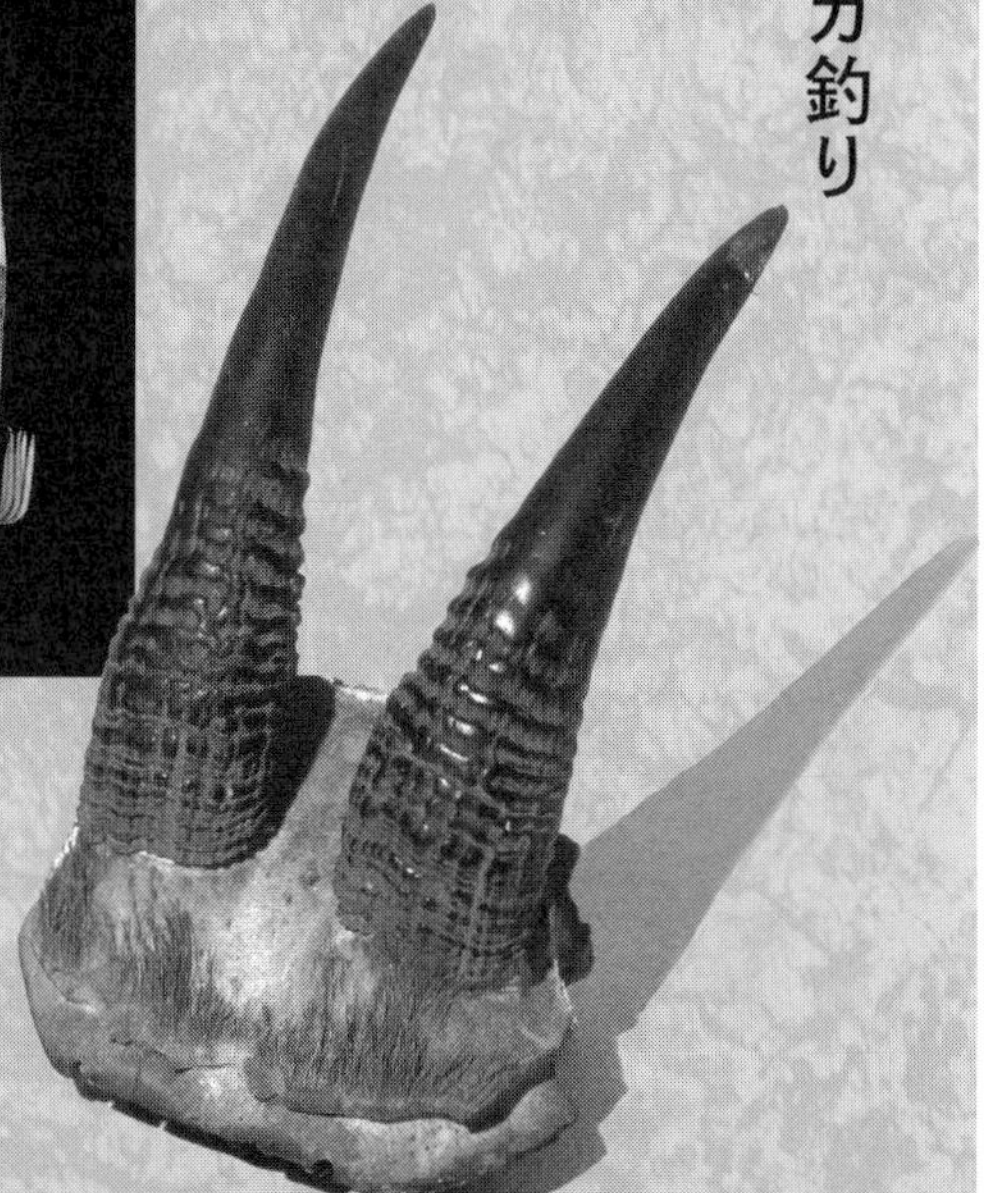

　アオシシ（カモシカ）の角は、その昔、三陸地方のイカ釣りの擬餌針に、なくてはならないものだった。海中で青く光るため、イカが面白いほど釣れた。大正の初め頃まで、一本三〜二十円くらい、飴色の角は最高で三十円という値段で、飛ぶように売れた（米一俵七〜八円）。アオシシの角をたくさん持っていることが、網元の自慢の一つだった。秋田のマタギたちは、角を売る目的でアオシシ狩りに力を注いだと言われる。

　昭和五十四年、三陸海岸に撮影に入り、宮城県牡鹿町（現・石巻市）泊浜の「民宿きのこや」に滞在したときのこと。民宿が以前は網元の家だったと知り、主人にアオシシの角のイカ針を使ったことはないかと尋ねると、昭和十四〜十五年頃まで使っていたという。主人は「裏の網小屋にある」と言って、小屋から古い時代のイカ針を持ってきた。私はアオシシの角の針二本と、牛の角の針二本をもらい受けることができた。

　昔、三陸地方にはイカ針を作る業者があちこちにあったそうだ。イカ針にはアオシシの角と牛の角があり、アオシシの角のほうが海中での光が強く、値段も高かった。角を切り、中に鉛を入れて重くし、磨き上げて、釣り針をつける。アオシシの角の擬餌針は、桐の箱に入れて高価な貴重品として売られていた。しかし、昭和九年、アオシシ（カモシカ）は国の天然記念物に指定され、捕獲禁止となり、角の入手が困難になった。

　角のイカ針の頃は竹の延べ竿で、道糸の先端に天秤（道糸と鉤素とオモリをつなぐ釣具）をつけ、その両端に鉤素とイカ針をつけた。月夜は海中で角が強く光って大漁だった。手こぎの磯舟で、舟いっぱいに釣れたもんだという。角にイカの墨がついて光が鈍くなると、トクサ（シダ植物）で磨いて、墨をとった。現代のイカ釣りでは、プラスチック製のイカ針がたくさんついた仕掛けを電動のドラムで巻き上げて釣っている。

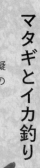

装束と道具の着用

大正・昭和初期のマタギ装束の着方を玉川マタギの古老・田中源之助さんが再現してくれた。

〈身に着ける順序〉

1 布コゲン（上衣）を着る。

2 雪袴をつける。厳冬期には中にワラを入れて保温性を高め、寒さを凌いだ。

3 前かけ（弾入れ）をつける。

4 小ハンバキ（刺し子の靴下）、スネハンバキ（スネ当て）をつけ、ツマゴワラジを履く。

5 カモシカの毛皮を着る。

6 刺し子の風呂敷をかぶる。

7 12尋《ひろ》（約18m）のシナリ（綱）をまとめる。

8 シナリとワラド（弁当入れ）をアミモッコに入れる。

9 カンジキを腰につけ、アミモッコを背負い、村田銃をかつぎ、編み笠を背中にかけ、テキャシ（手袋）をつける。

10 ワラダ（ウサギ猟具）を鉄砲に通す。

11 サッテ（雪べら）を持つ。

ワラを編んだカブリモノをかぶり、タテ（槍）を持つ姿。

カブリモノは肩まで被い、風雪を遮った。背には村田銃。

玉川マタギの狩り場（大深沢）の山中で、テキャシ（手袋）をはめ、コナギャ（杖）を持つ。

↑雪面に立つマタギの足まわり。軽装ながら小ハンバキ、スネハンバキ、ツマゴワラジで保護されている。

→コナギャを使って雪の斜面を登る。

ワラダ打ち

↑村田銃にかけられたワラダ（ウサギ猟具）。突き出た棒の部分を持って投げる。

←ワラダによる山ウサギ猟。斜面の上から投げ、鷹が来たと勘違いさせる。

稲ワラで円形の輪を作り、取っ手をつけたウサギ猟具。斜面の上方より投げる。ウサギは、ワラダがクルクル回って飛んで来る音を鷹の羽音と勘違いして、そのあたりの木の根元の穴に隠れるので、そこを手で捕まえる。ワラダの中には、クマタカの羽をつけたものもある。ワラダを投げることを「ワラダを打つ」と言う。このように単純な道具でウサギが獲れた時代もあった。

呪物と信仰

↑笹子《じねご》の山の神像。烏帽子をかぶり、右手に剣を持つ像は珍しい。

←古くからマタギが信仰した山の神像。醜い女性神という説もある。（碧祥寺）

→百宅の山の神祭りの祭壇。山の神は十二という数字と関係が深く、山の神を「十二山神様」「十二様」と言う地域もある。山の神の年とりの日である12月12日に山の神祭りを行なう。祭壇には山の神の掛け軸を祀り、マタギの御守り、御神酒、餅、焼いたハタハタを供える。昭和61年12月撮影。

◉オコゼ

以前、佐渡島へ撮影に入ったとき、漁師が網から魚をはずしていた。見るとオコゼが掛かっていた。写真を撮らせてもらったが、クローズアップのために近づくと「毒があるから危ないぞ」と注意された。オコゼは背びれに猛毒があり危険である。板前さんは調理バサミで背びれを取り、それから調理するそうだ。食べておいしい魚である。

マタギのシカリ（頭領）は、オコゼの乾燥したものを紙に包み、持ち歩いている。そして山が荒れると袖から少し出し、山の神に見せる。山の神は女神で醜い顔をしていると言われる。オコゼをチラッと見せると、世の中に自分よりまだ醜いものがあるのか、と機嫌がよくなり天候が回復するという。

マタギ資料の中に、まったく違う魚がオコゼとして保存されていたこともあった。本物を見たことがなかったのだろうか。偽オコゼである。

先の漁師が「今晩、家へ泊まれ」と言ってくれたのでお世話になった。翌朝、魚を市場に出荷する準備中、漁師がオコゼを間違って足に落としてしまった。激痛で奥さんに「包丁で足の親指を切り落とせ」と喚いていた。痛み止めを飲んだり、黒砂糖のお湯に足を浸したりしていたが治まらない。持っていたクマの胆《い》をすすめてみた。漁師は疑心暗鬼だったが、飲むと数分で痛みが治まった。すすめた私もクマの胆の効果には驚いた。

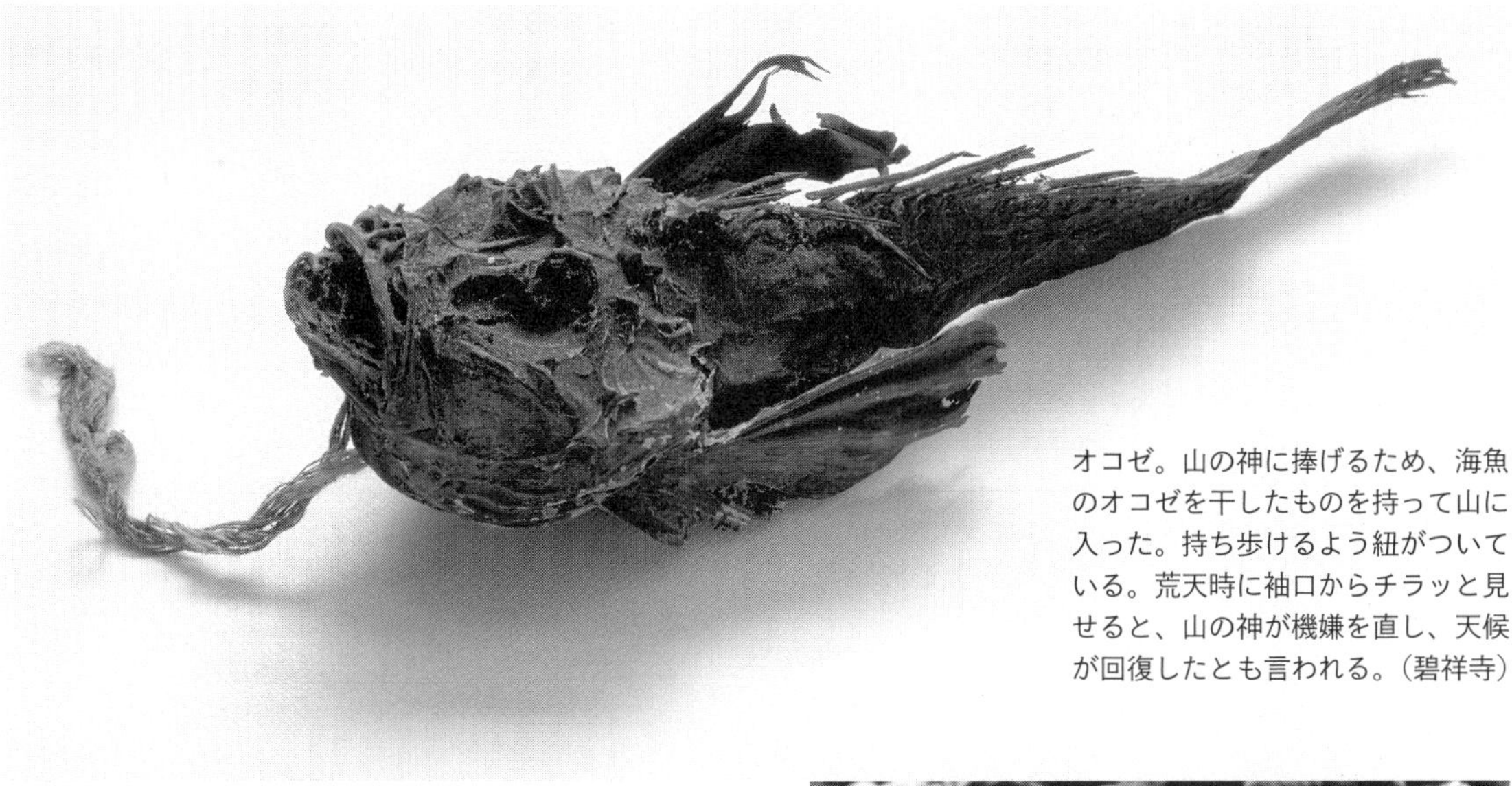

オコゼ。山の神に捧げるため、海魚のオコゼを干したものを持って山に入った。持ち歩けるよう紐がついている。荒天時に袖口からチラッと見せると、山の神が機嫌を直し、天候が回復したとも言われる。（碧祥寺）

→生きたオコゼ。背びれに猛毒がある。佐渡島で撮影。

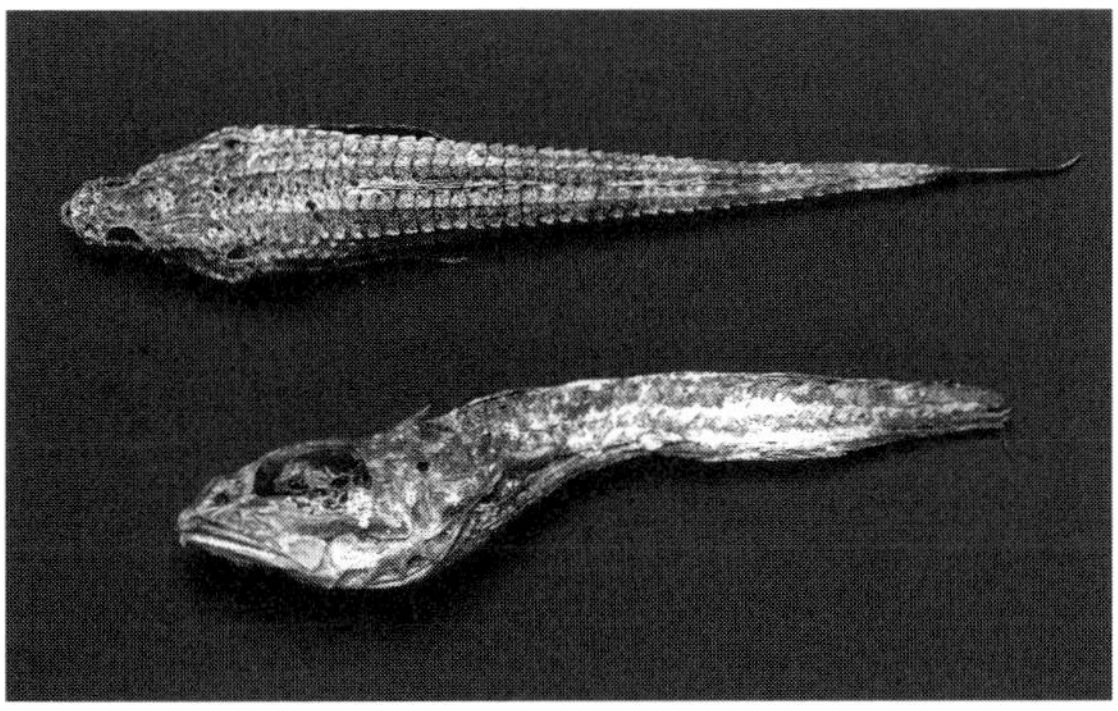

←偽オコゼ。オコゼが手に入らなかったとき代用したものとも思われる。（玉川）

↓鳥海笹子のオクズ（海魚のオコゼの別名）。これを山の神に供えて豊猟を祈った。（碧祥寺）

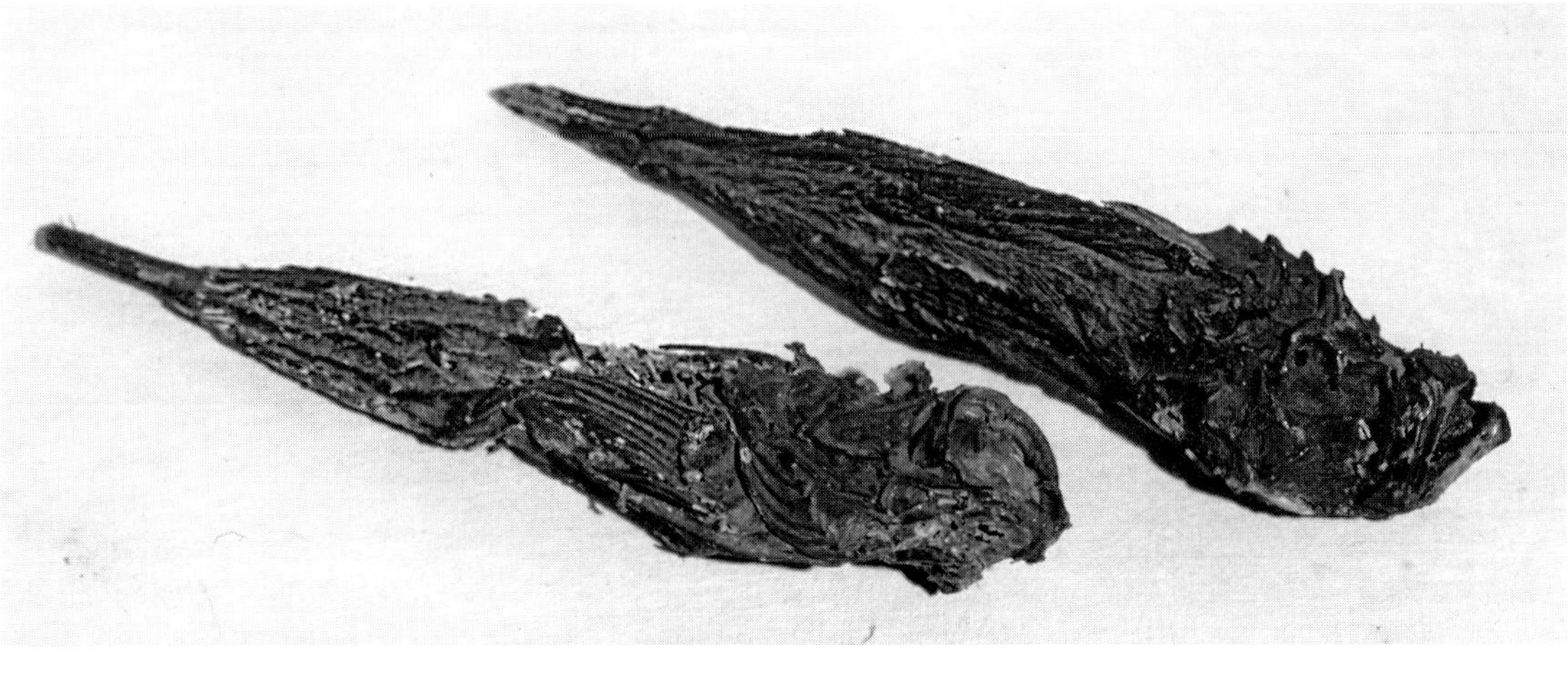

磐司磐三郎の像（山形県立石寺）。日光派マタギの開祖とされ、信仰される神。万事万三郎、磐次磐三郎、万二万三郎、万治万三郎など、さまざまな漢字表記がある。宮城県名取川上流の名勝「磐司岩」も、この信仰に由来する。

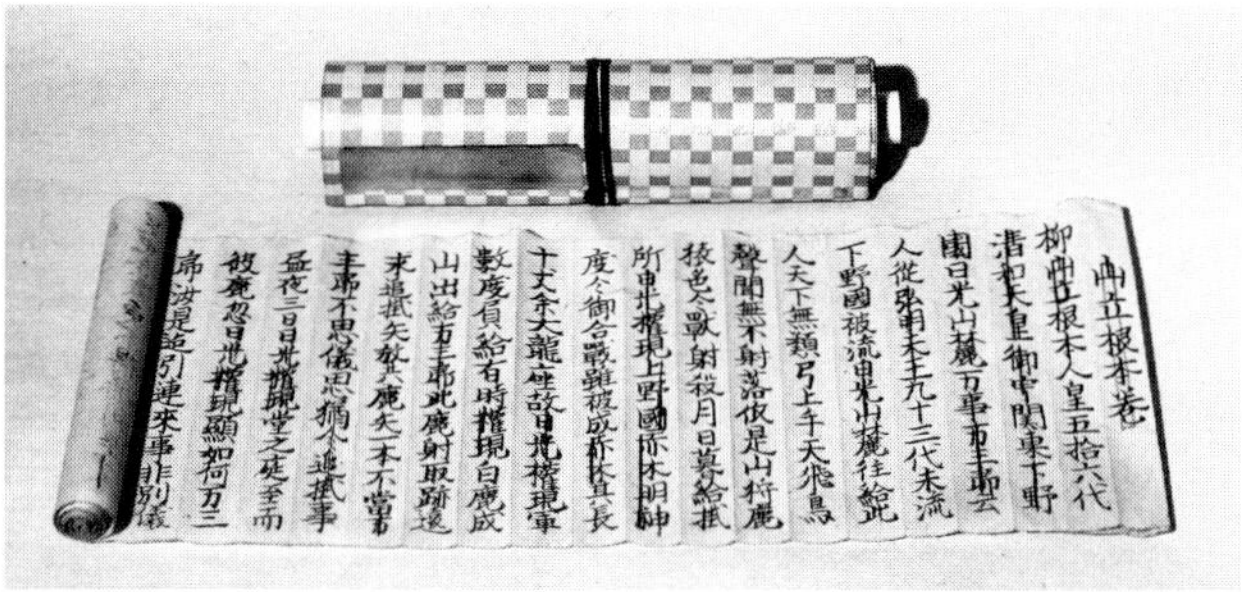

日光派の秘巻「山立根本之巻」。（碧祥寺）

◉磐司《ばんじ》磐三郎《ばんざぶろう》伝説

清和天皇の御代、日光山の山麓に磐司磐三郎という弓の名人がいた。この頃、上野国《こうずけのくに》の赤城明神と下野国《しもつけのくに》の日光権現とが戦い、日光権現が苦戦していたが、磐三郎の助力のおかげで勝利した。日光権現からこれを聞いた天皇より、磐三郎は褒美の御朱印をいただき、今後どこの山に行ってもよい「山立御免」となった。磐三郎は、山の神、マタギの開祖とされ、マタギ秘伝の巻物「山立根本之巻」に由緒が記されている。日光派（天台宗）のマタギはここに由来する。磐三郎は、各地に伝説を残している。その像は山形県の山寺（立石寺）にあり、古くは屋外の祠にあったが、現在は宝物殿に移されている。

宮城県名取川上流、山形との県境近くに国指定名勝の磐司岩があり、出版社の依頼で撮影に入ったことがあるが、柱状節理の切り立った断崖だった。案内板によると、民俗学者・柳田國男は、著書『神を助けた話』の中で、磐司は磐神信仰（いわがみ・磐を神としたマタギの守護神）による地名である、と説いている。

なお、高野派（真言宗）のマタギには、空海上人から殺生を許される法を授かった狩人の由来を記した秘巻「山立之由来」が伝わっていた。

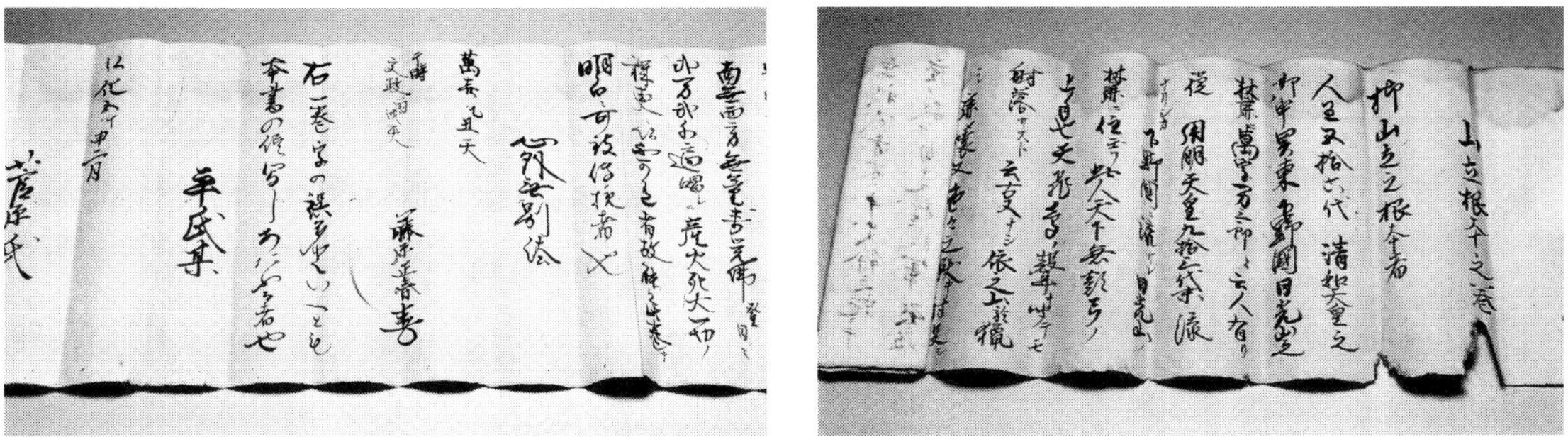

「山立根本之巻」。巻末には、山に行く者は月の十五日に水を浴び、明神を拝み、南無西方無量寿覚仏と日に二万二千回唱えれば、産火死火など一切穢れることはない、とある。

百宅マタギの巻物入れ。色の異なる二つのサルの毛皮を筒状に縫い合わせてある。（碧祥寺）

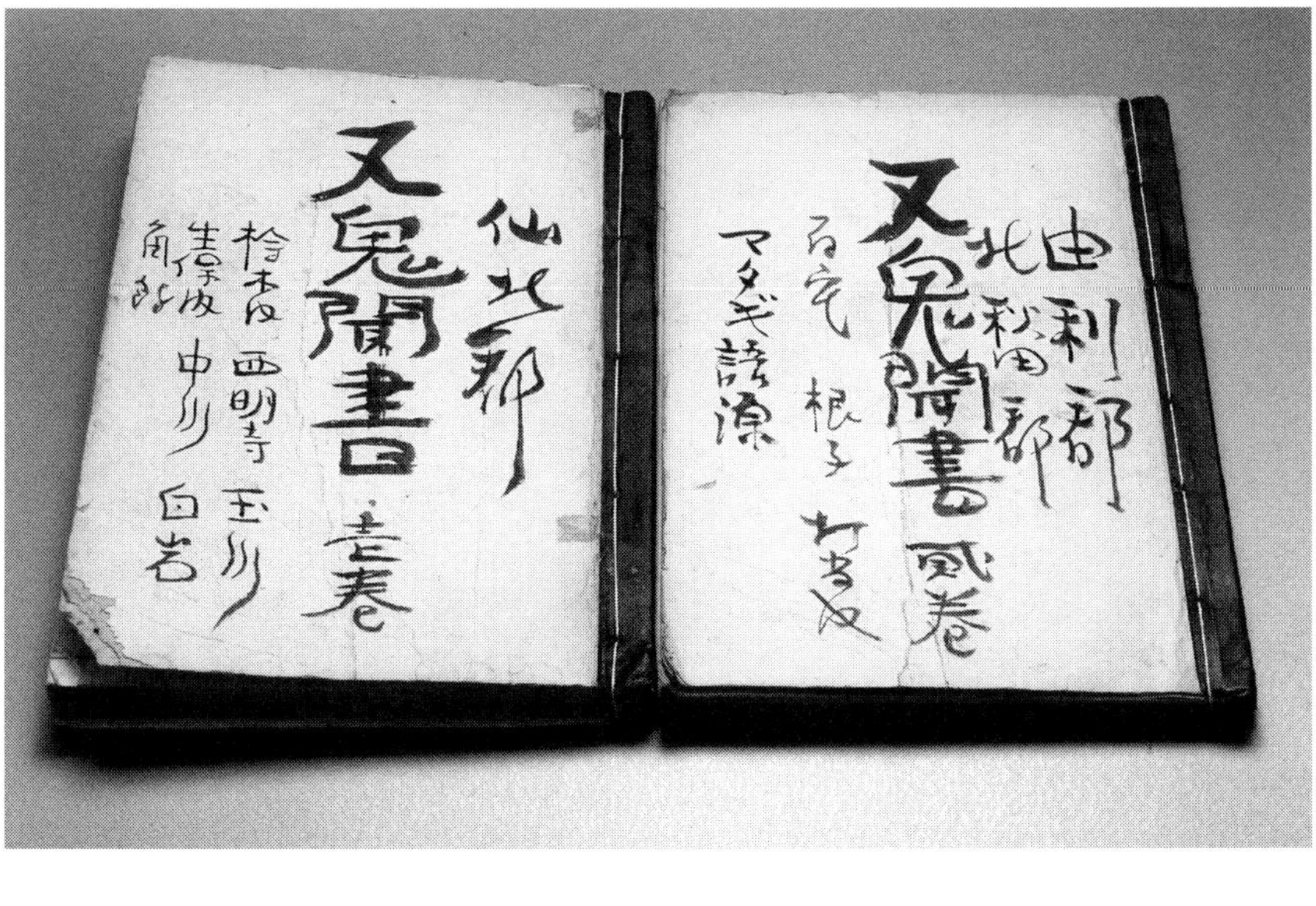

民俗学者・武藤鉄城著『又鬼聞書』の原稿。武藤氏の実家にて撮影。角館には澁澤敬三のアチック・ミューゼアムの運動や研究に参加するグループがあった。

マタギ薬

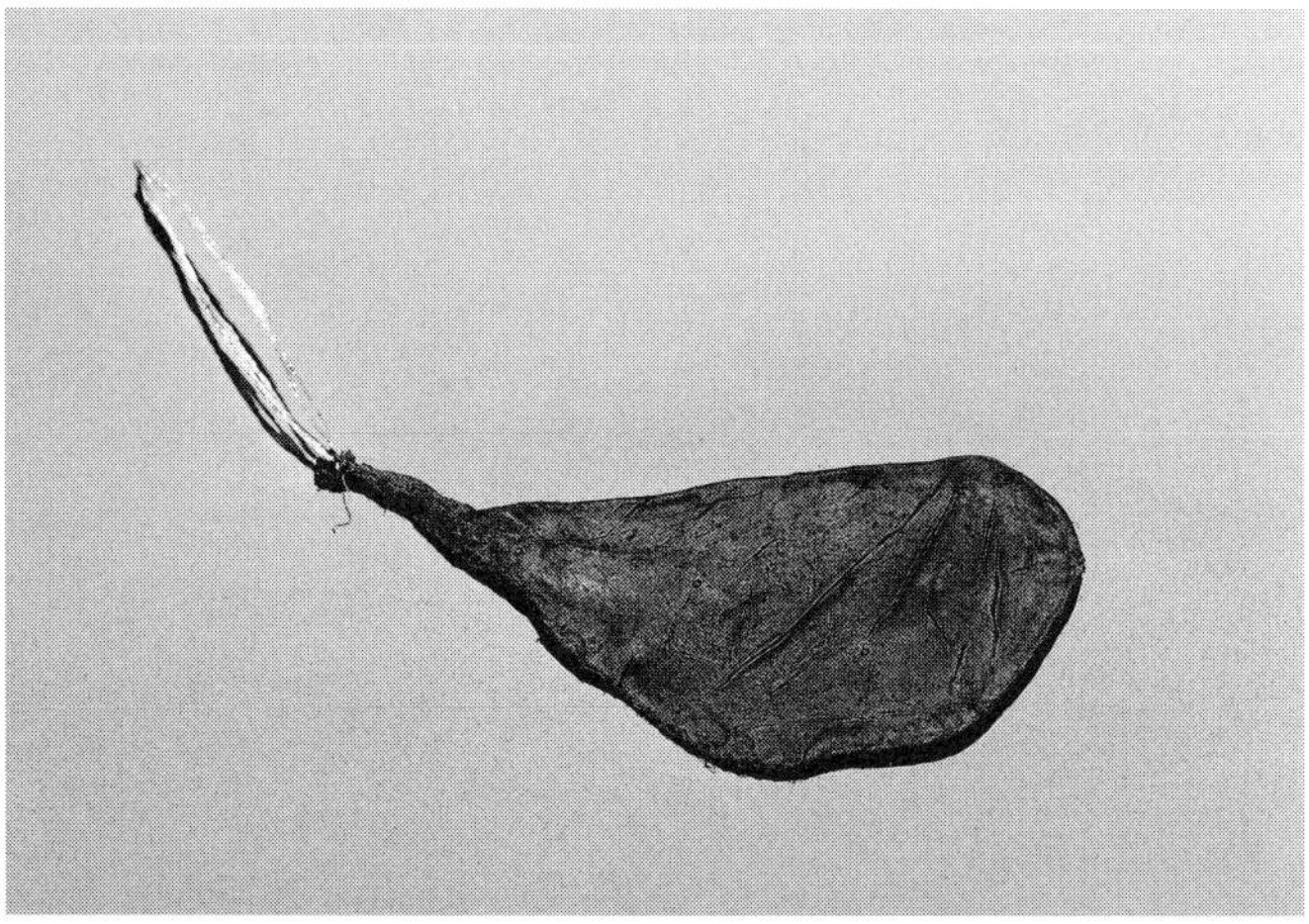

クマの胆。胃腸薬として知られる。二日酔い、やけど、傷にもよく効く万病の薬。金と同じ値段で取引された。写真は百宅マタギのもの。

クマの手。掌の肉は強精剤として逸品とされ、トロ火で２週間以上、トロリと煮つめ、適当に味つけしたものを少しずつ舐めた。骨も薬の材料になった。（玉川）

クマの頭骨。乾燥したものを黒焼きにして頭痛薬として飲んだ。脳味噌も頭の薬として煮て食べた。（玉川）

◉クマの胆《い》

マタギ薬といえば、クマの胆（胆のう）である。胃腸薬、万能薬として珍重され、金と同じ値段で取引された。その価値は今も昔と変わらない。阿仁根子《ねっこ》（阿仁マタギの中心地）には、昔、クマの胆の生産を専門にしている人が何人かいて、それを全国に売り歩いていた。一回に飲む量はゴマ粒三つと言われている。マタギにとって、クマは捨てるところがなく、クマの骨や血、冬眠時の糞なども薬として売られていた。

◉偽クマの胆

あるとき、新潟の写真家仲間が「偽熊の胆」と印刷されたものを土産に持ってきた。彼の話では、山の中で大きい釜に薬草などを入れ、焚き火で煮て作っているという。その製造現場の取材を頼んだが、許可はいただけなかった。偽クマの胆も効果はあった。私は秋田で作られた偽クマの胆も持っているが、効果は本物と同じくらいだ。偽クマの胆は、キハダ、オウレン、センブリ、ドクダミなどの薬草、他の動物の胆などを煮詰めて作るという。偽物と本物を見極める方法は、茶碗に水を入れ、ゴマ粒くらいの胆を入れる。グルグルと回るのが本物と言われる。溶けた水が黄色か褐色かで見分ける方法もある（黄色なら本物）。

クマのタキリ（雄の生殖器）。乾燥して保存する。粉にして飲むと強壮剤、女性の性病の薬になるという。（碧祥寺）

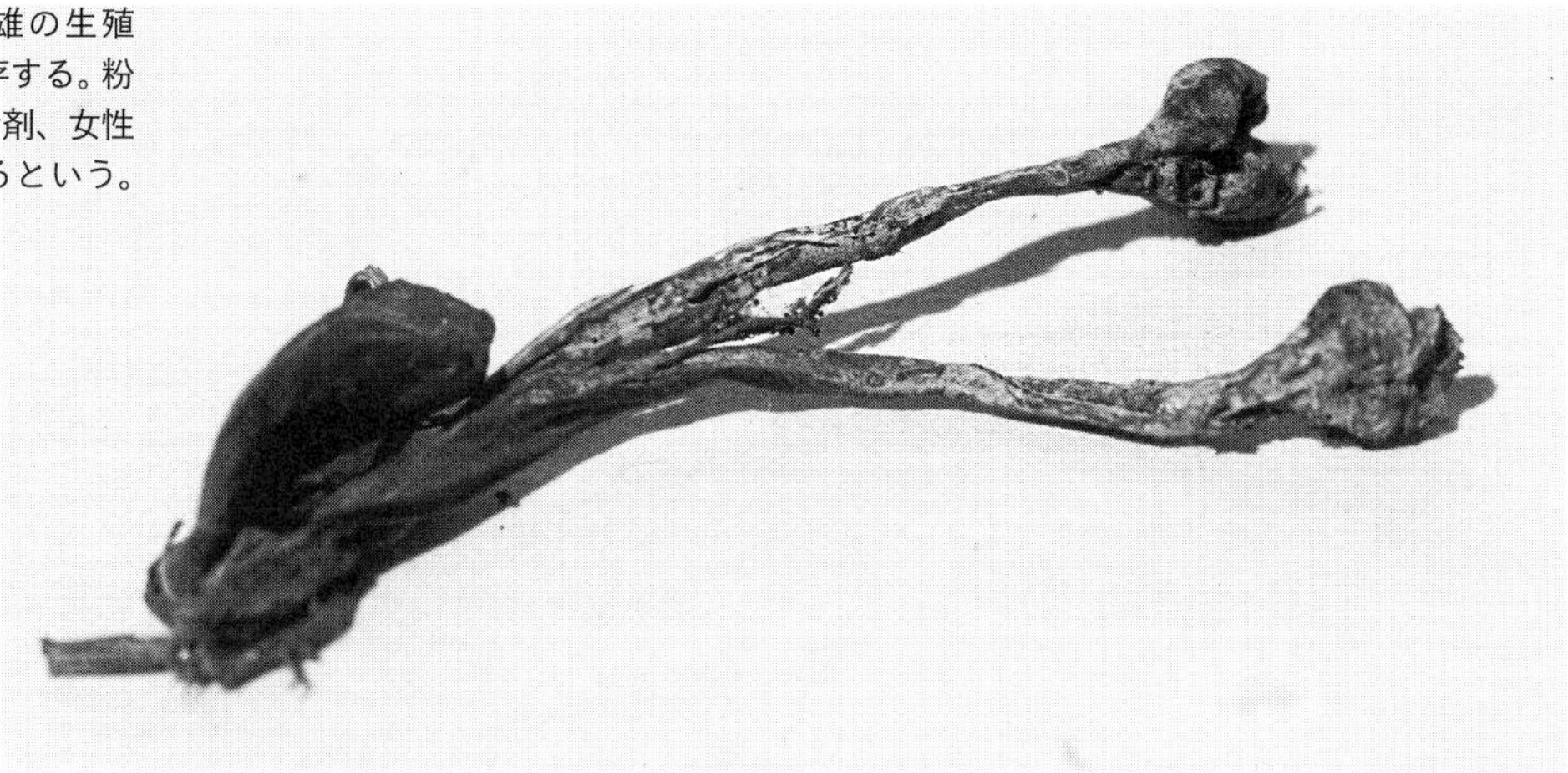

←ヒャクヒロ（クマの腸）。乾燥して１尺（30cm）単位で切り売りした。妊婦の腹帯にすると安産すると言われた。冬眠中のクマの直腸を糞が詰まったまま20cmほど切り取り、焚き火で燻製にしたもの（クマのジュズ）は、下痢、疳の虫、産婦の後腹などの妙薬。（玉川）

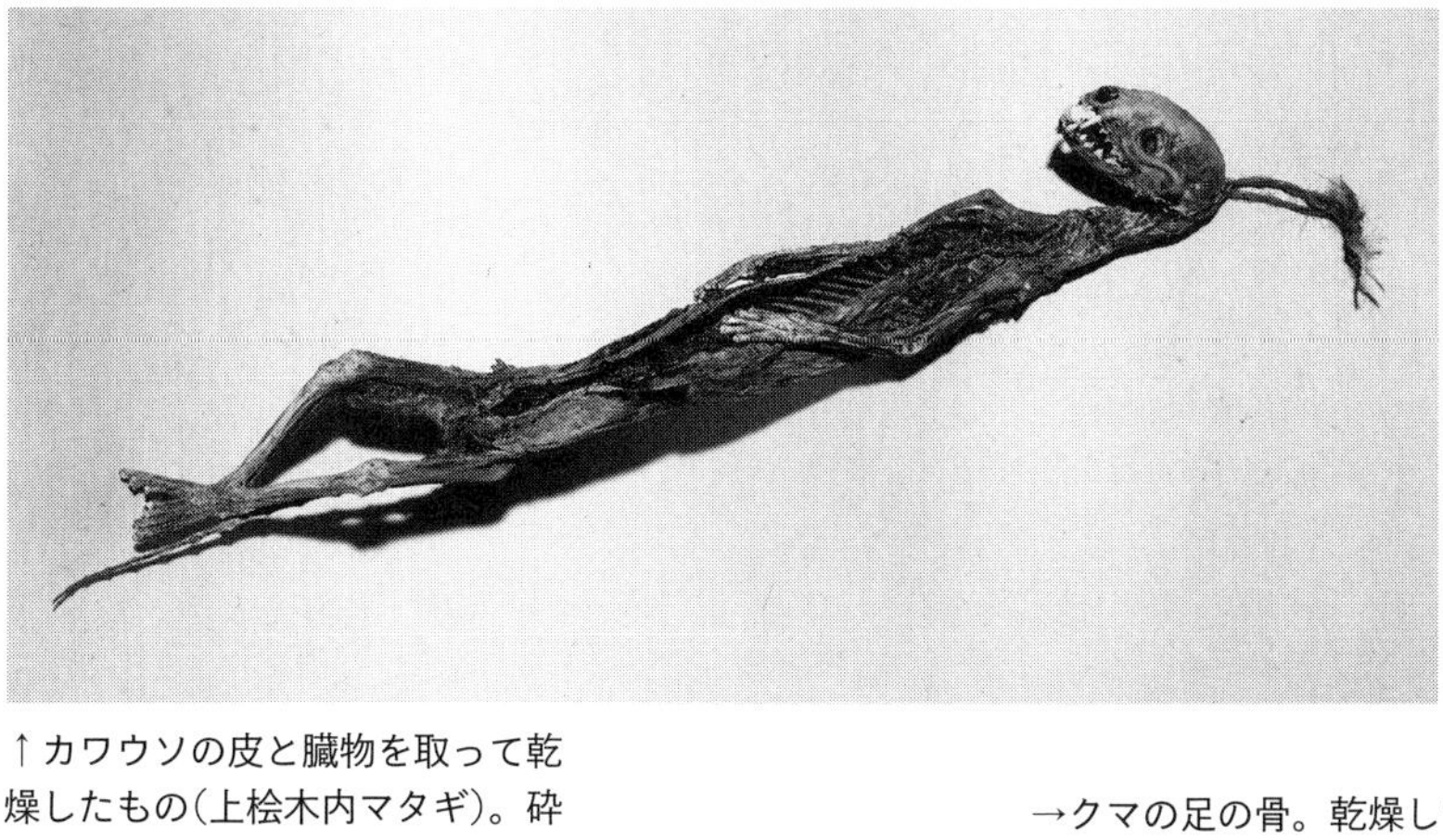

↑カワウソの皮と臓物を取って乾燥したもの（上桧木内マタギ）。砕いて黒焼きにし、粉にして飲むと万病に効く。（碧祥寺）

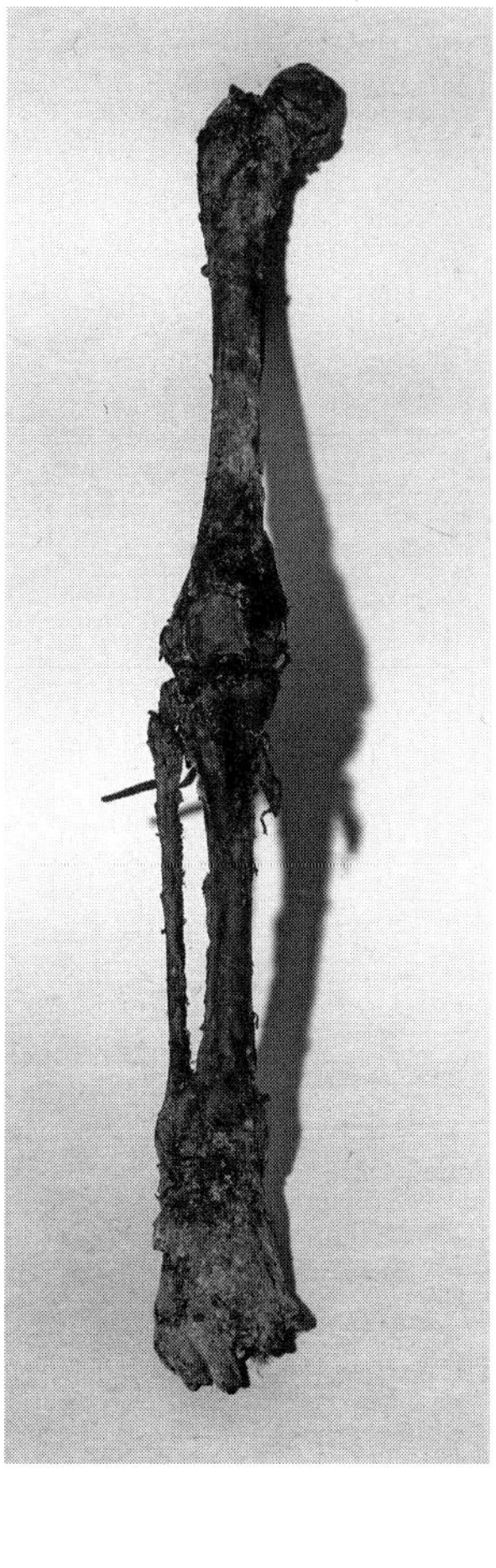

→クマの足の骨。乾燥して保存する。削って煎じ飲むと下痢止め、神経痛に効くという。（碧祥寺）

マタギ宿

宮城県花山村（現・栗原市）の湯浜温泉。以前は秋田マタギのマタギ宿だった。

山峡の一軒宿で、ランプの宿として知られる。

栗駒山（標高一六二六ｍ）の麓、宮城県花山村（現・栗原市）の秋田県境近くにある湯浜温泉に泊まったときのこと。私が秋田から来ていることを話したら、ここは古くから秋田マタギのマタギ宿だったと話してくれた。文政七（一八二四）年にマタギが発見した温泉で、他所からこの地へやってきて狩りをするマタギたちの定宿になっていた。クマの頭骨や手の骨が残っていた。昔、秋田マタギは旅をしながら、クマ狩りをしていた。かつて、このような宿は各地にあり、マタギだけでなく山棲みの人々によって利用された。

岩手県雫石町田茂木野の佐五七マタギ（高橋幸次郎）の家も、古くは秋田・阿仁マタギのマタギ宿だった。『消えゆく山人の記録　マタギ』の撮影のときに訪ねたが、猟犬系秋田犬が残っていた。クマの頭骨を土産にいただいた。

玉川マタギ

——集団的クマ猟と生活技術

■仙北市田沢湖玉川

大正六年生まれの門脇シカリ（頭領）は、「鉈、マッチ、ライター、塩、味噌、これだけあれば生き延びられる。マタギは雨、雪、風など、いかなる場合でも火を焚けなければならない」と語る。火起こしも、小屋がけも、手近な木だけで、あっという間にやる。

雪代水を集め轟々と流れる大深沢を行く玉川マタギたち。（昭和 62 年 5 月 1 日）

春マタギ

玉川マタギの狩り場は玉川の源流である大深沢周辺の奥山が中心だ。八幡平の南、大深岳（標高一五四一ｍ）に水源を発する玉川は、たくさんの支流を集め、大曲で雄物川本流と合流し、日本海へと流れ出る。玉川温泉から流れてくる渋黒沢と大深沢の合流地点より八㎞くらい下流に、玉川マタギの村はあった。古より生活を営んでいたらしく、縄文遺跡も発掘されている。かつては分教場や商店もあった。

百戸足らずの村は、平成二年に完成した玉川ダムの底に沈んでしまったが、目の前にあった男神山と女神山の姿は往時のままである。二峰には神が一つがいの白鶏となって現われた伝説があり、玉川の人々は鶏を飼わず、鶏肉も鶏卵も食べなかった。

私が取材していた頃は、ダム建設のために、ほとんどの住民が田沢湖町（現・仙北市）内へ移住し、本村はなくなっていたが、まだ門脇隆吉さん（大正六年生まれ）を中心に玉川マタギが存在し、大深沢に来て狩りを続けていた。水没した門脇さんの家は「岩の目」という場所にあった。水田が六反くらい（うち四反がヒエ、二反が米）、畑が四反くらいあり、東側の森には山神様が祀られていたという。

村のほとんどの家が狩りをした。冬はバンドリ（ムササビ）、テン、ウサギ、カモシカ、春はクマを獲った。山中には、いくつか拠点となる小屋があった。玉川マタギの古老・田中源之助さんの父親は、川漁師も行なっていた。春から秋まで大深沢・湯ノ沢に小屋を作り、住んでいたと聞く。型の揃ったイワナを三十匹ほどずつ、八幡平の後生《ごしょう》掛《がけ》温泉まで山を越えて届けるのが仕事だった。温泉の湯治客は生魚を大変喜んだという。

玉川マタギは、ダム建設で移住した後も、春山での集団的クマ猟を行なっていた。

山入り前の身支度。

◉山入り

昭和六十二年五月一日、朝六時頃、八人のマタギが八幡平山頂付近の県道脇に集合して山入りした（普段は大深沢入口の五十曲から入ることが多い）。山入り前の打合せでは、狩り場、勢子《せこ》（追い手）とブッパ（撃ち手）の割り振り、動き方など、シカリが決める。勢子とブッパの比率は、状況により五：三、四：四と変化する。途中、クマの痕跡を探しながら、大深沢の中心部にあるマタギ小屋を目指す。各々の持ち物は、大きな握り飯三個以上、宿泊用の食料、塩、味噌、鉈、マッチ、ライター、シナリ（綱）、散弾銃（一つ弾）かライフル、コナギャ（杖）または自作の木の杖など。銃は多くの人が散弾銃の水平二連か垂直二連だった。水は沢で確保できるので、水筒は持って行かない。

登り下りを繰り返し、ひたすら歩く。

杖を両手で持ち、山側に体重をかけて、急斜面を一気に滑り下りる。

斜面を歩くときはキックステップで雪に足を打ち込む。滑落しないように、コナギャや杖は両手で持ち、山側に突く。

途中、何回も打合せを行なう。山を見ながらクマがいそうな場所の見当をつける。

クマが冬眠している可能性のあるミズナラの木の洞を見る。このときはいなかった。

針葉樹の葉を敷いて雪の上に座る。こうすると尻が濡れない。マタギがよくやる座り方。

玉川マタギのシカリ（頭領）、門脇隆吉さん。

田中源之助さん。「源さん」と慕われた。

中島源太郎さん。腕のいいマタギだった。

中島雄一さん。

柏谷悦郎さん。

伊藤養吉さん。

大深沢の左岸の斜面を行く。マタギ小屋が近い。

大深沢の中心部にあるマタギ小屋に着く。

勢子の叫び

マタギとの同行の中で、私は何回もクマを追い上げる勢子をした。「ホリャー、ホリャー」「ホリャー、ホウー、ホウー」と叫んだり、杖で木を叩いたりして尾根に追い上げるのである。マタギはこれを「上げる」と言う。クマが冬眠から覚める春山では、雪が少なくなるとネマガリタケが跳ね上がり、歩くのが困難になる。この季節になると玉川マタギは「山が動いてきた」と言う。俳句歳時記の「山笑う」が近づく頃である。

「ホリャー、ホリャー」と叫んでクマを追い上げる勢子の柏谷悦郎さん。

狩り場にはこのような険しい滝が随所にある。

◉マタギの登山技術

深山ではブナの木に古い鉈目が残っている。鉈でつけた、狩りや山仕事、キノコ採りの目印である。ブナ林は同じような木が続き、奥が深く、迷いやすい。横に一本、他の人は二本と、各人の目印を残す。マタギは特徴のある木や岩、沢などをよく記憶している。

下山する場合は基本的には尾根を下りる。沢を下ると、途中に断崖や滝があり、それを巻く（迂回する）のに大変な労力を使うし、滑落事故が起きやすい。山や沢を熟知していて断崖や滝などがないと知っていれば、その限りではない。

急斜面では後ろ向きになって、立ち木や柴などをつかんで下りる。柴は小指の太さでも驚くほどの「根張り」がある。広葉樹は根張りがいい。ただし、広葉樹でも落葉したときは枯れ枝かどうかを確認する。枯れている場合はパチンとすぐ折れる。生きている木は折れにくい。枯れ枝をつかんでは絶対駄目だ。

斜面をトラバースする（横切る）場合は、山側に杖をつき、山側に体が傾かないように進む。重心が斜面に傾くと滑るし、倒れてしまうと滑落する。雪の斜面はキックステップで足を打ち込みながら歩く。

雪の状態にもよるが、急斜面を下りるときは、杖を両手で持ち、山側に体重をかけ、バランスをとりながら、足のつま先を上げて、かかとで滑り下りる方法もある（登山用語でグリセードという）。

沢に残雪がトンネル状に覆い被さっていることがある。下では雪解け水が轟々と流れる音がし、沢の大きさも深さも見えない。これを渡ろうとして割れ、沢に落ちたら助けることができない。実際、八甲田で事故があった。私が同行したとき、古老の伊藤養吉さんが腕の太さの木を切ってきて、沢の残雪の上に敷き、その上を渡って行った。体重を木の枝で分散し、残雪に穴があくのを防いだのだ。

山中で食べ物がなく空腹の場合は、フキの葉でヒシャクを作り、水を汲んで塩や味噌を手で溶かして飲む。疲れているときは、これだけで元気が出る。特に味噌は効果が大きい。フキで作るコップをフキビシャクという。

これらは経験から導かれたものだが、マタギの知恵として伝えられていることには、現代にも通用する科学的背景がある。

斜面を歩くときは必ず山側に杖を突く。（昭和59年5月12日）

雪の急斜面は、コナギャを両手で持ち、バランスをとりながら、かかとで滑り下りる。

フキの葉で作る即席のコップ「フキビシャク」。

伝左衛門沢の人食い滝。（昭和 59 年 5 月 19 日）

焼山ホワイトアウト

焼山（標高二三六六ｍ）での話。快晴で雲一つない春山の清々しい日だった。クマの足跡もなく、山頂の避難小屋に着き、昼飯で三十分ほど休憩して、大深沢に下ろうと小屋の戸を開けたら一面の霧であった。まったくのホワイトアウト状態で、門脇シカリも皆も一瞬驚いた。「目的地はこっちだ」とシカリが指差す方角は、私の地図と九十度違った。そちらは、伝左衛門沢の人食い滝と言われる何人も遭難者があった方角である。私は地図とコンパスで確認し、「そっちは違う」とシカリに歯向かった。大深沢のマタギ小屋はそっちではない。しかし、地図を見せてもマタギのシカリはそんなものは信じない。あくまで自分の長年の経験で判断する。過去の経験と山を熟知しているプライドが許さなかった。

　人食い滝には絶対に行きたくない。私は以前、マタギとの同行で、伝左衛門沢の人食い滝まで大深沢の下流から入っている。私は地図と磁石を信じて単独で下りると言った。

　「ちょっと待て」と言い残して、シカリは霧の中に消えた。数分後、シカリが帰ってきた。「わかった、こっちだ。間違いない」と、私が示した方角を指した。木のあるところまで下りて確認してきたのだ。山頂付近は硫黄鉱山跡で周りに木がない。それに二ｍ先も見えないホワイトアウトだ。これでは、さすがのシカリも勘が狂う。

　木のある場所まで下りると、アオモリトドマツとブナの混交林だった。さらに下ると、だんだんブナが多くなり、霧も晴れてきて、熟知している領域だ。無事、大深沢の小屋に着いたのは暗くなった頃だった。小屋で暖まり、飯を食べ、酒を飲みながら、今日のことを思い出した。もし途中でビバーク（野宿）することになったら、どんな方法をとったのだろうなどと考えながら就寝した。へとへとに疲れたが、貴重な体験をした一日だった。

〈一日目＝五月十九日〉

クマが冬眠から覚める頃の春山。この頃の山の変化を、玉川マタギは「山が動く」と言う。

とにかく歩く。1日10時間、正味で7～8時間。昼飯の時間は30分程度。撮影は体力勝負だった。

◉ショウブの声

昭和六十二年五月十九日、大深沢のマタギでのこと。中島源太郎さんの銃声が鳴り響いた。

「ショウブ、ショウブ！」

打ち取った合図の声に、駆けつけた。大グマだった。そばに行くと、門脇シカリから「駄目だ、止まれ」と大声で止められた。ブッパの中島さんと門脇さんが銃をクマに向けている。クマは死んだふりをして、突然襲いかかる場合があるからだ。

中島さんがクマを杖でつついて死んでいることを確認した。このクマは冬眠から出てきて間もないクマで、胆も大きかった。冬眠の穴から出て何か食べ始めると、胆は消化液として使われ、だんだん小さくなる。

狩猟中の山言葉は、この頃にはほとんど使われておらず、唯一聞いたのが玉川マタギでの「ショウブ」だった。

翌日も若いブッパが一頭を仕留めた。

昼食をとる玉川マタギの若手、
御崎哲次さん。マタギの握り
飯はとても大きい。

玉川マタギの銃。ほとんどの人
が散弾銃の一つ弾だった。

狩り場に向かう途中、綿密な打合せ。クマのいる場所に目星をつけている。

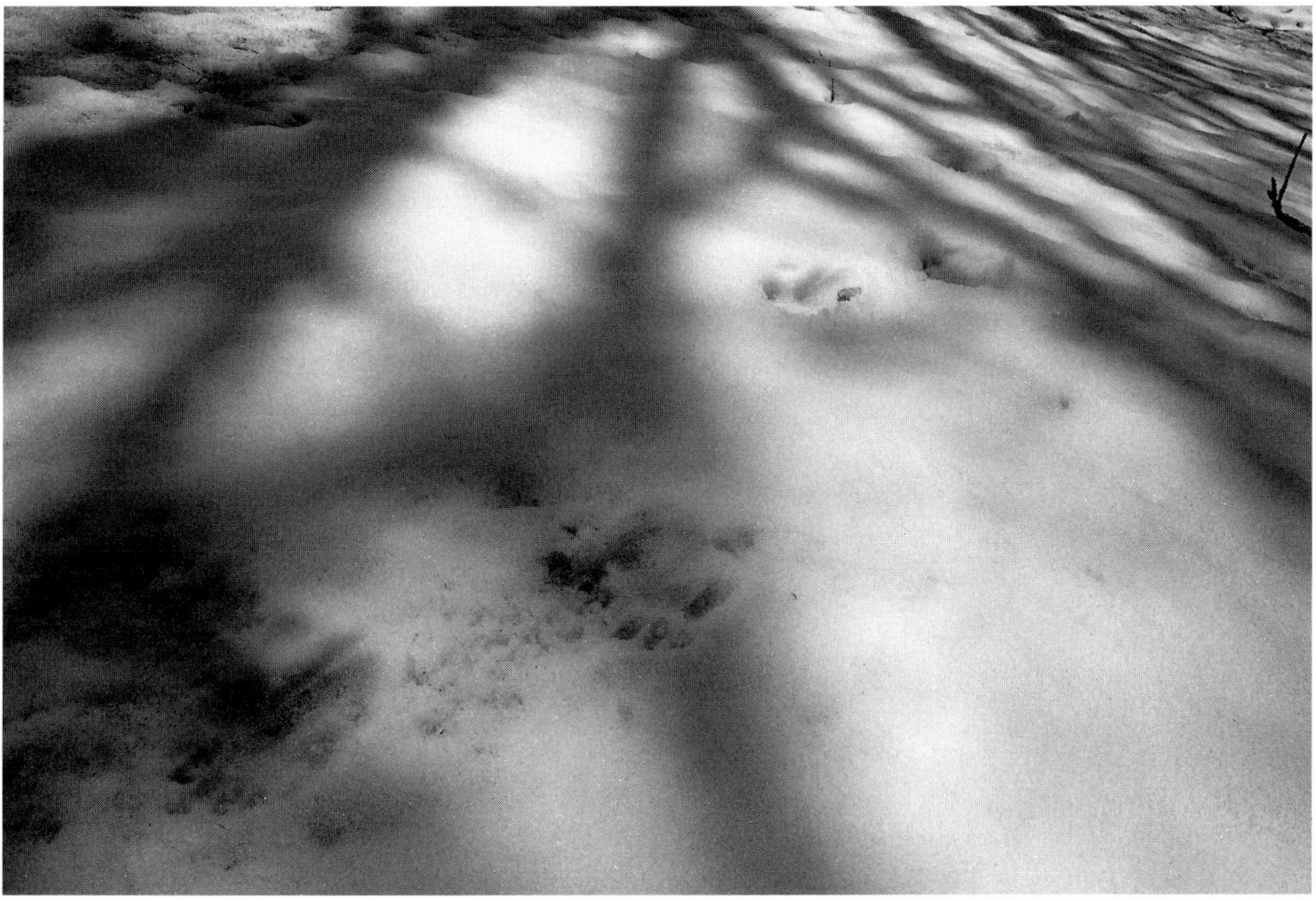

大グマの足跡。まだ新しい。勢子が「ホリャー、ホリャー」と大声でクマを斜面の上に追い上げる。

クマを仕留めた中島源太郎さんの「ショウブ、ショウブ！」の声にマタギたちが集まる。

仕留められたクマ。私が興奮して駆け足で近づいたら、門脇シカリから「止まれ！」と叫ばれた。まだ生きていて襲ってくることもあるからだ。

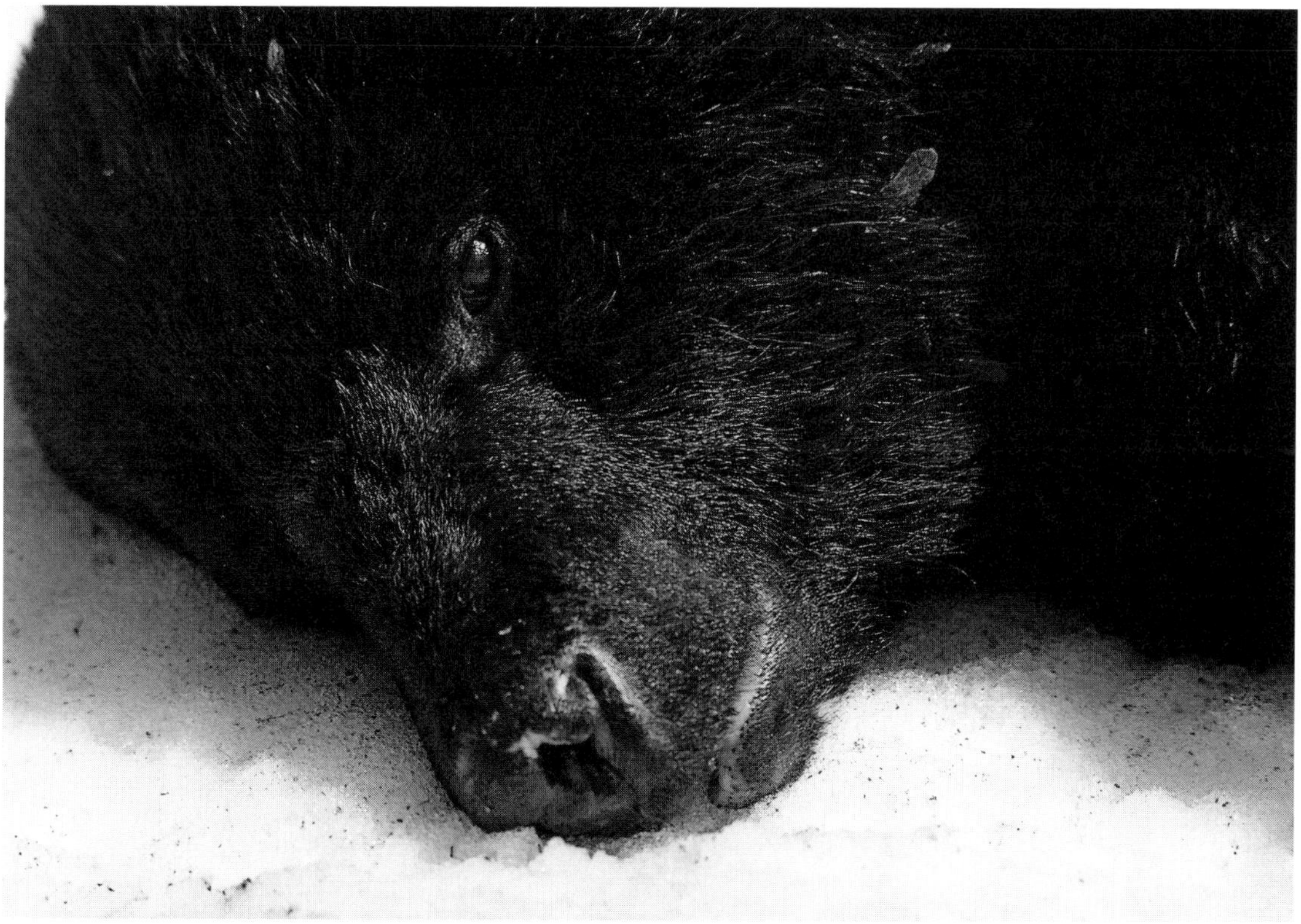
かなりの大グマだった。

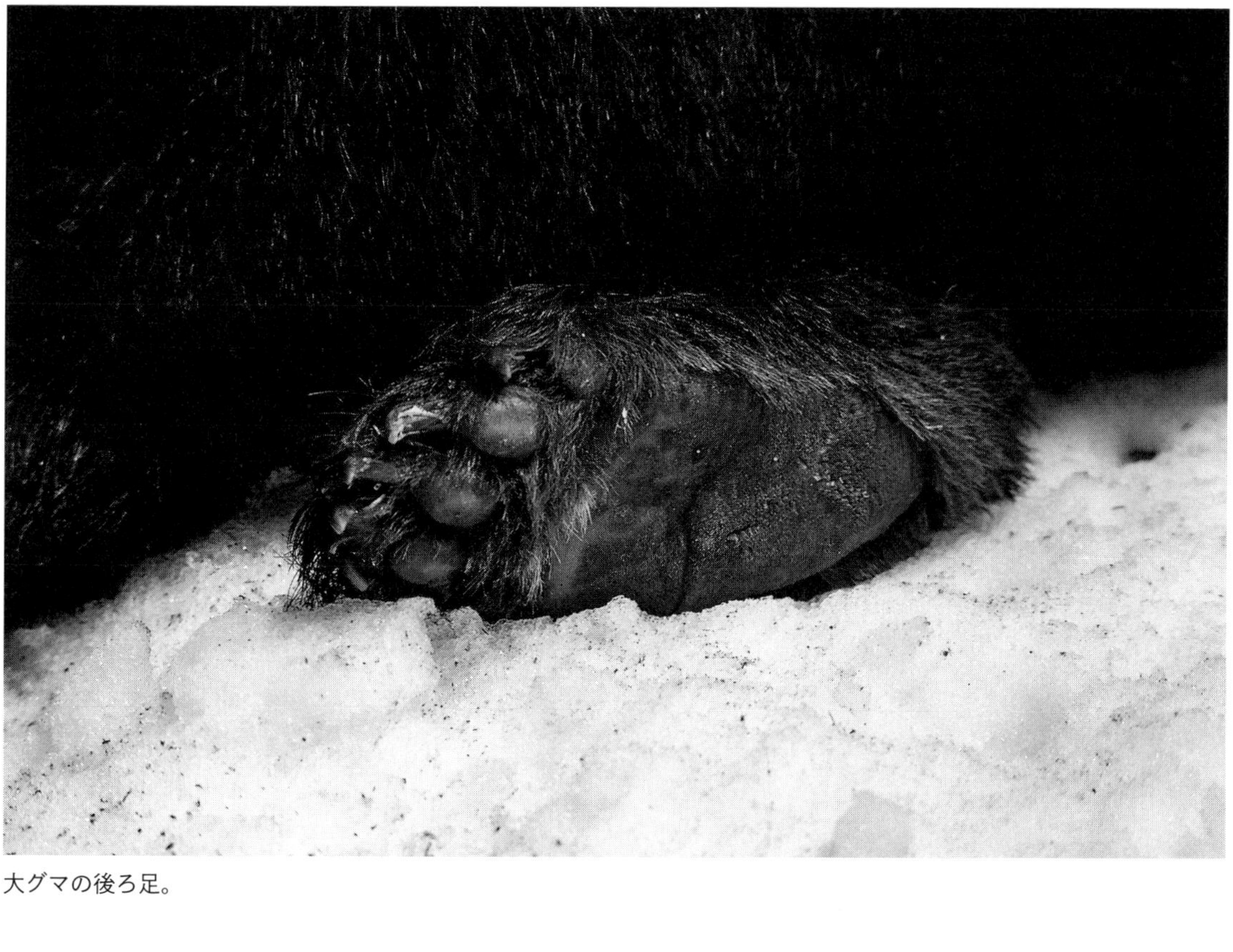
大グマの後ろ足。

門脇シカリが顎の下から腹へ縦にマキリを入れ、皮をはいでいく。集落はダム工事で消滅しており、集落で行なうケボカイ（皮はぎの神事）はなくなっていた。

腹、手足、背と、数人で、あっという間に皮をはぐ。

冬眠から覚めたばかりのクマなので、胆はかなり大きい。

クマの胆を取り出す。

肉を切り分ける。獲物の肉は平等に分け合う「マタギ分け」。誰が獲ったか、シカリか若手かは関係ない。

翌日も一頭。距離 200m の対斜面にいたクマを門脇シカリが見つけ、若いブッパ（御崎哲次さん）がライフル銃で仕留めた。クマを確認するため、急斜面を駆け下る。

急峻な斜面を転げ落ちたクマと集まったマタギたち。

←中島さんがマキリを入れる。

↓手分けして皮をはいでいく。

胆汁がこぼれないようにクマの胆の端を糸で縛った中島さん。

←解体した獲物を分担してリュックサックに詰めて背負い、急斜面の残雪を踏みしめながら帰路につく。

コナギャは必ず山側に突く。落ち葉があると急斜面でも歩きやすい。

ブナの恵み

ブナの実はクマの好物である。クマはブナの実やドングリなどの木の実を食べ、古木の洞《うろ》などで冬眠する。不作の翌年、冬眠明けに獲ったクマの中に、極端に痩せたクマがいたことがあるという。秋に十分食べることができず冬眠したクマだったのだろうとマタギたちが言っていた。

　ブナにも個体差がある。普通は秋の落葉とともに実も落とすが、玉川にある樹齢三百年ほどのブナは、一本だけ実をつけたままで冬の強風にも耐えて越冬し、春の残雪期に実を落とす。残雪の上に落ちた実は、鳥や小動物に食べられるのだろう。一週間ぐらいでなくなる。周辺を見渡し探したが、同じようなブナはない。これを何年も繰り返している。

　あるとき、山を歩いていたら、ブナの小枝の先端が雪面にたくさん落ちていた。マタギに聞くと、バンドリ（ムササビ）の食べた跡とのこと。ムササビはブナの冬芽を好んで食べる。昔はムササビの毛皮が多く売れた。肉もおいしいという。冬の月夜はムササビの目がキラキラと光り、見つけやすかった。冬はブナの葉も落ち、見通しがよい。イタチ、テン、ウサギ、ムササビなどの小動物の毛皮は防寒具の材料として使われた。戦時中は軍隊の防寒用に大量の注文があったと聞く。

残雪の上で発芽したブナの実。

ブナの実。

古いクマの爪痕。ブナの木の幹は垂直で滑らかだが、鋭い爪で巨体でも登ることができる。（昭和59年5月19日）

●クマの爪痕

クマは足の爪をアイゼン（雪山で靴底につける鉄の爪）のように使って木に登る。その爪痕は百年以上も残されている。あの巨体を足の爪で支えて登ることを考えると脅威に思える。前足はクマの最大の武器でもある。攻撃のとき、牙でかじることもあるが、クマの被害にあった人は、たいてい、あの鋭い爪で一撃され、顔や頭に傷痕が残る。ある玉川マタギは、山でクマと不意に遭遇した瞬間、クマの一撃で帽子を吹っ飛ばされた。帽子の中にタバコを入れていて、その厚みで頭は無事だった。それ以来、守り神のごとく、帽子にタバコを一箱入れるのが、その人のスタイルとなった。

あるとき私は、クマがヤマグリの木に登っているのを発見した。周りは一面ススキで覆われている。カメラを持ち、忍び足でススキの中を木のそばまで詰めたが、近くにいた小鳥たちが一斉に飛び立った。感づいたクマは、木から頭を下にして落ちるように下り、逃げ去った。このとき初めてクマが木を下りる姿を見た。そういえば、クマが下向きに下りるときの爪痕は見たことがない。全部上向きの爪痕である。

クマは木に登り、枝を束ねて、タカス（クマ棚）を作る。樹上の簡易ベッドだ。この上で毛を乾かしてから冬眠の穴に入るとも言われている。山にはクマ以外の獣たちの痕跡も溢れており、狩りの手がかりになる。

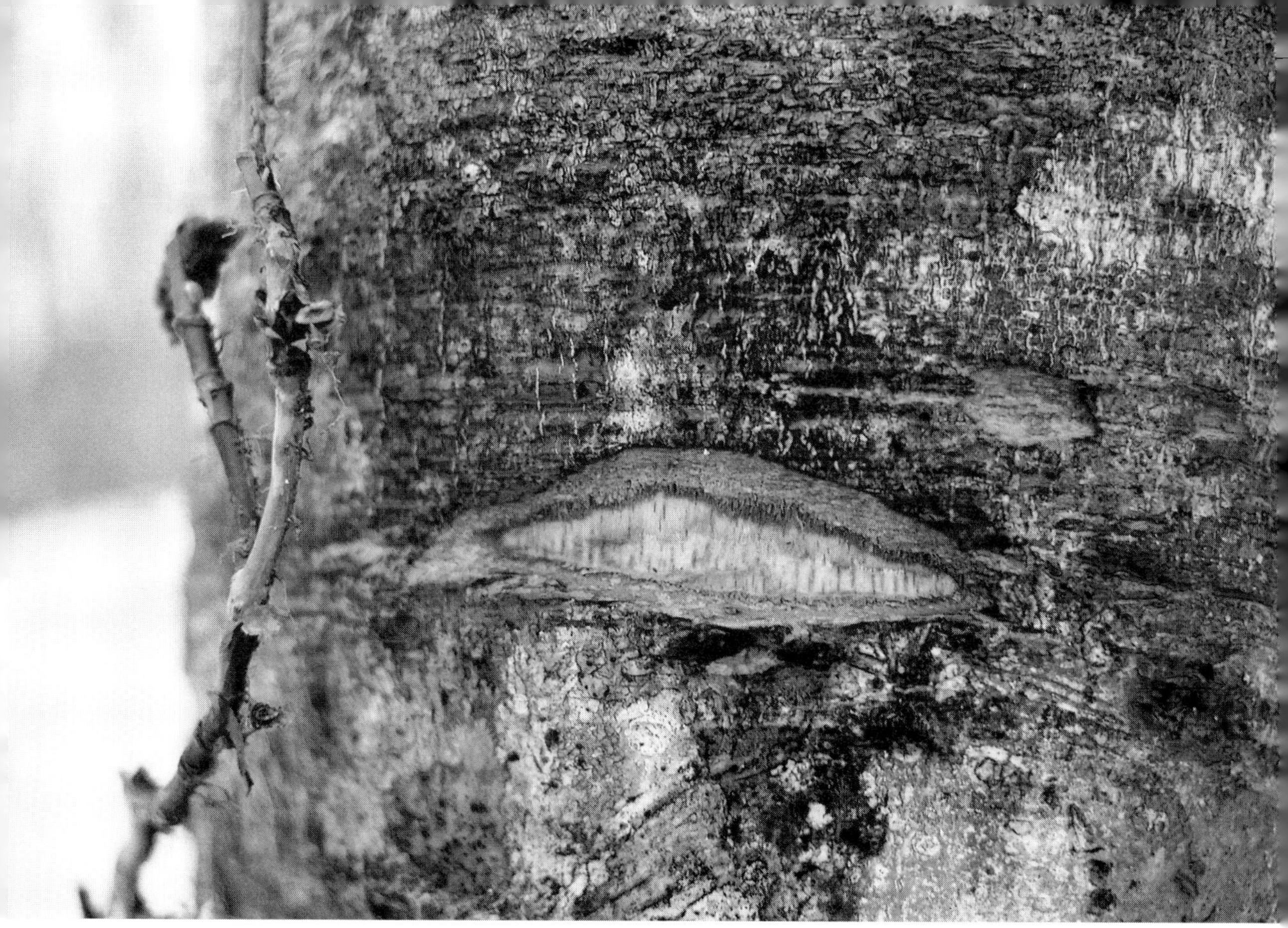

カモシカが角を研いだ跡。（昭和 59 年 5 月 12 日）

カモシカの足跡。まだ新しい。（昭和 62 年 5 月 1 日）

クマが前年に作ったタカス（クマ棚）。（昭和 59 年 5 月 12 日）

ウサギが食べたコシアブラの樹皮。冬場のウサギは木の皮も食べる。

コブグマの伝説

二十年ほど前、奥羽山脈・和賀山塊のある場所に、トリカブトの大群落の撮影に出かけたとき、百mくらい向こうの稜線から、ドドド……と、こちらを威嚇するような大きな足音がした。はっきりとは見えないが、茶色の大きなクマで、伝説のコブグマではないかと思った。コブグマは足にコブがあり、大きさは普通のクマの倍以上、凶暴ですばしっこく、人間に仕留められたことがない。玉川や和賀山塊の朝日岳など、各地のマタギに目撃されてはいるが、渡りグマとか、ヒグマとか、諸説ある。昭和三十四年四月、作家の戸川幸夫氏が朝日岳付近でコブグマの足跡の撮影に成功している。コブグマの伝説は昔から語り伝えられており、幻のコブグマとすれば、百年以上も子孫が生き残っていたことになる。

岩手県遠野市の公民館には全身が白いミナシロのツキノワグマの剝製が展示されていた。アルビノだと思うが、非常に珍しく、他では見たことがない。全身が黒いミナグロと呼ばれるクマもいる(胸に白い月の輪がない)。ミナグロは神の化身で獲ってはいけないとされ、獲った場合は「タテを納める」と言って、マタギをやめることを意味した。

クマの根かじりの跡。

↑根かじりの跡を指さす中島さん。

◉クマの根かじり

クマは松ヤニの多いヒメコマツ(キタゴヨウ)などの下のほうの皮を食べ(根かじり)、便秘状態になった後、木の実などを大量に食い溜めして冬眠に入り、翌年、冬眠から覚めたらミズバショウ(毒草)の新芽を食べて脱糞する、と太田さんの本にあったが納得できず、自分の目で確認したいと思っていた。昭和五十九年五月十九〜二十日の春マタギで、中島源太郎さんが根かじりの跡を教えてくれた。さらに、小さな沢の雪解けの穴に生えたミズバショウの新芽をクマが採って食べた跡も見つけた。周辺にはクマの足跡が残っていた。五年越しに確認できて、「ようやく出会えた！　やったー！」という気持ちだった。

クマが食べ残したミズバショウの新芽。

ミズバショウの新芽をクマが
採って食べた跡。

叫び沢と殺生谷

玉川温泉の「叫び沢」より、焼山を目指して登ったことがある。叫び沢は昔から毒ガスの発生する沢である。門脇シカリの話。毒ガスの出る場所は、風があるときは大丈夫だが、風がなく、甘い匂いを感じたら、手ぬぐいを水で濡らし、口と鼻を覆い、高い場所に避難する。毒ガスの硫化水素は空気より重い。実際、その沢にタケノコ採りが入って何人か亡くなっている。現在は立ち入り禁止である。飛んでくる鳥がガスを吸って急に落ちるという。

その後、叫び沢に近い「殺生谷」に、テレビ取材で許可を取り、ガスマスクを用意して入った。付近に小動物や鳥の白骨が無数にあった。この状態を見たとき、門脇シカリの話を思い出した。

平成二十七年三月十八日、秋田県仙北市の乳頭温泉で硫化水素を吸って三人死亡との報道があった。雪の中の事故である。ガスの噴出部は熱い水蒸気やガスで雪が解けて窪地ができ、硫化水素が溜まる。そこへ検査のために入ったのだ。湯沢市の泥湯温泉でも同じ事故が起きている。雪がないときはガスが流れやすいが、雪の時期には注意が必要だ。

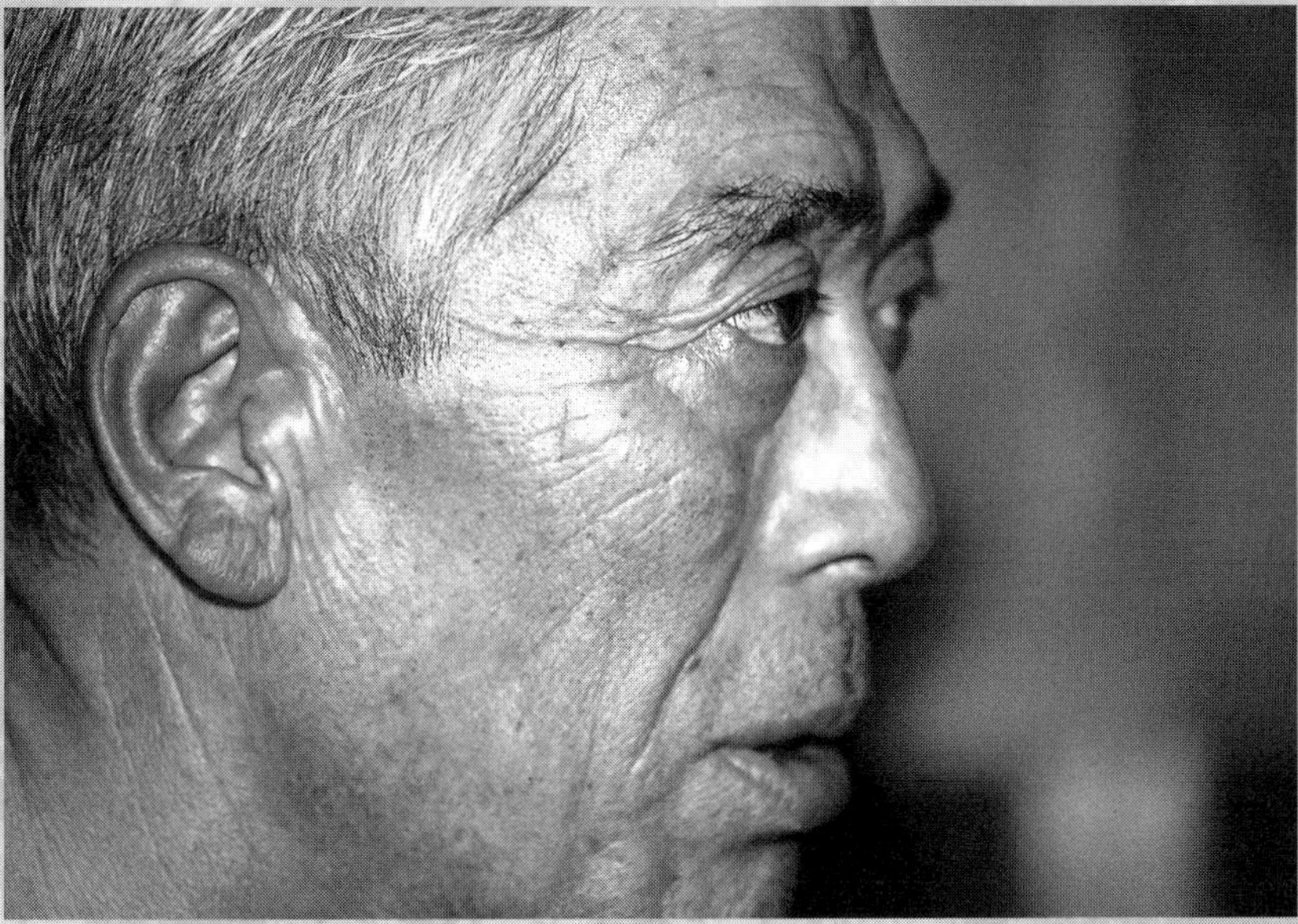

マタギ小屋の門脇シカリ。(昭和59年5月12日)

門脇シカリのマタギ語り

(『隆吉の七十年』より)

＊生前、門脇シカリから渡された自伝より、一部をご家族の了解を得て整理・抜粋した。〔 〕内は引用者注。

◉隆吉のマタギの話

マタギは、まったく、現金収入を求めるものだった。私の生まれた大正六年、親父の門一の日記を見れば、大人の日当が五十銭、バンドリ(ムササビ)は皮一枚一円、山ウサギが四十銭、タヌキが七円二十銭、テンが六円六十銭、山栗が一俵五円、干しゼンマイが一貫目二円四十銭とある。

主な現金収入はマタギなので、私は十八歳頃からマタギを始めた。その当時、弁当持って日帰りの日当が六十五銭、山泊まりだと一円、バンドリが四円六十銭、テンが十二円くらいだったと記憶している。皮が高いのは、全部外国、特にドイツに輸出されるからと聞いた。山形の中島皮革は私の親父が取引した皮屋で、生保内の福岡、檜木内の中島、角館の伊沢、玉川の中島源太郎の親父(常太郎さん)も、競争して皮を買いに家々を回った。皮を買う人は火薬や弾を持ってきて、マタギと物々交換して、皮を買っていくしきたりだった。当時は見ることのない百円札が出ることもあった。

マタギは各自がグループを持っていた。私の場合は親父の門一、姉婿の清之助、親父の叔母の孫の伊藤養吉だった。私は養吉さんと二人で、奥山にバンドリ小屋と称して掘っ建て小屋を建て、秋のうちに米と麹を持って行ってドブロクを作っておき、冬にそこへ泊まってバンドリ獲りをした。一番多くマタギが集まったのは、鳩の湯温泉と大深の又口小屋で、各自いくらかの食料を上げて、冬にウサギ、バンドリ、テン、カモシカなどを獲った。私は冬に養吉さんと犬とでバンドリ小屋に泊まり、布団の代わりに犬を抱き、ドブロクを飲んで体を休める、そういうふうなマタギ生活をしてきた。

ウサギは雪が降ればいつでも獲れるが、バンドリは十一月から三月の夜、月の出ている時期だから八日から二十日頃までの間、それも曇りの日でなければ木の枝に止まっているバンドリが見えない。白い綿雲が一番いい。バンドリ獲りが駄目なときは、テン追いが日中の仕事になる。追われたテンが穴に入ったら、火を焚いて煙で追い出して鉄砲で撃つ。寒中の月のないときはカモシカ・ウサギ獲り、四月十日頃から五月末頃まではクマ獲りと、吹雪でないかぎりは毎日必ず鉄砲を持って山に入っていた。

当時のカモシカの皮は小さいもので米一俵、一人前のもので一俵半、前足の肉は白米一斗、後足は一斗二升と記憶している。カモシカの肉はうまいし、玉川には鶏がいないので、肉というのは山のものしかなく、まったく高価なもので、素封家《そほうか》は好んでカモシカの枝〔足の骨つき肉〕を予約して食べたものだ。

春になって物を食べたクマは、胆汁がなくなる〔消化液として使われ、クマの胆が小さくなる〕。クマが冬眠している穴を見つけて獲れば〔クマの胆が大きいので〕、ほんとに金になった。春に獲ったクマの肉はほとんど自分で食べ、皮は売ったが、カモシカの皮より高く売った記憶はない。冬眠中に獲ったクマは、まるのままで汽車に積んで、山形、福島あたりまで運搬した。寒中だから腐敗もしない。親父が山形の余目に持って行ったときは、周辺の人がたが全部集まって解体を見物し、肉の一切れ一切れが瞬くうちに高値で売れてしまう。皮は素封家が競争のようにして値をつけて買ってくれる。胆は乾燥しなければダブダブだし、別のものを混ぜられると大変だということで、親父は素封家の大きな家に寝泊まりして、一週間ご馳走になって胆を乾した。阿仁のクマの胆売りに売るより十倍も高い価格で売って、あれこれ十日もかかって無事に帰ってきた。

バンドリは、いい犬を持った人が多く獲った。秋田犬の雑種のようなものを小さいときから育てて、秋から冬にかけて馴らす。獲物を獲ってみせると犬も自然にわかる。一人前の犬は鉄砲撃ちが木を一本一本回って見なくても、風下から山を駆けてバンドリの匂いを取る。姉婿の犬はワンワンと高い声で叫ぶので、バンドリはすぐ逃げるが、私の家にいた小さい秋田犬の雑種のアカは「ヒンヒン」と言う。深夜だから相当遠くまで聞こえてくる。その犬の後を追っていく。我々が犬のところに行けない場合は迎えに来た。よその人がたは、人の目だけでバンドリを尋ねて歩くが、犬は人間の何倍も目も鼻もいいもんで、その犬の力でバンドリを獲った。

　カモシカの場合、犬はカモシカが深い雪を走った後が楽なので、後を追わせる。カモシカが上りに向くと、雪が深くてなかなか前に進めない。そのうちに犬が来てカモシカの後足をかむ。今度はカモシカが鋭い角でかかって来て犬が逃げる。犬が行ったと思ってカモシカが前に進むと、また犬がいる。だから、カモシカは犬に追いつかれると、三十分でも一時間でも、そこから動けなくなる。そうして人間が近寄って獲る。

　玉川で一番バンドリ獲りがうまかったのは、田中良一といって、戦争で亡くなったが、郡界を越えて阿仁あたりまで行って獲ってくる大したマタギだった。姉婿の清之助、親父の門一も犬のおかげで大猟した。一ヶ月に七夜くらいしか歩かないが、十五から二十四獲った。一匹で六日くらいの労賃をとるようなもんだから、よその人がたはずいぶん羨ましがったと思う。玉川は八十％以上も夜鉄砲を持って歩いたから、上手と下手があり、一ヶ月に三匹か四匹より獲らない人もある。十四獲ったら一人前だった。

　私らはカモシカとウサギを獲るために、大深の又口小屋に四人ないし五人ぐらいのグループで行き、カモシカでも一人一頭ぐらいずつ獲った。天気が悪くなれば日中も表に出られない。表層雪崩は危険だし、雪庇もできるので、小屋に寝ている。三日も続くと、シカリから「今日一日、米を食べるな」と命令が出る。腹の足しにウサギの皮も爪も耳も一人で一匹全部食べた。塩があれば鉄砲撃ちは絶対に死なない。肉は塩で煮る。焼いた骨はカリカリ食べるにいい。歯と爪、膝の丸い玉は鉈で潰して食べた。

　布団の代わりは、カモシカの皮とゴザ、軽い海のモクで作った布団のような物しかない。ゼンマイのフク（綿）を乾燥して入れた夜着を着るが、寝るときは足が冷たくなるから、お互いに相手の足を腋の下に抱くようにして寝る。これがマタギの本当の秘訣だ。

　マッチがない場合、熟練した年寄りは、鉄砲の散弾なり実弾なりを取って火薬だけにする。自分の着ておる着物の中から綿を取って、その綿を鉄砲の先に縫いつける。そして鉄砲を撃つと綿に火がつく。それを吹いて、今度は木の皮で火を焚く。煙草を吸う人は、煙管で吸って煙草から綿につけた。シカリから本当の寒中に、マッチをやるから火を焚けと言われてなかなか焚けないと、一人前でないと言われる。柴の中にも、燃える柴と燃えない柴がある。トリシバ〔クロモジ〕、トチの皮、カバの皮は簡単に火がつく。雪の深いときはサッテ〔雪べら〕で二回もかかなければカンジキを履いても歩けない。マタギの厳しさは話をしただけでは到底わかってもらえないかもしれない。

私のクマの初マタギは十八歳の春。それから共同撃ちをしないで一人で獲ったクマはおそらく四十頭以上にはなっていない。みんな、百頭獲ったの、二百頭獲ったの、阿仁マタギは大したもんだの言うが、一人でそういうことは、おそらくおかしい。私は一人で焼山まで行ってクマ三頭獲って、一人で車まで下げたことがある。食べもののあるところ、暖かいところ、冬眠から出るときはどこにいるのか、ほんとにクマの気持ちになれば、居場所がわかるし、鉄砲を撃つところまで普通なら十分で行くところを三時間かかって行く。クマの一人マタギには根気が必要だった。

当時、シカリに毎日毎日怒られた。カモシカを獲りに行って咳をすると、もう、すごい気合いをかけられ、持ってるサッテなり鉄砲の筒なりが柴にチャランと当たっても怒られる。それでも行きたくて一緒に行く。昔の鉄砲はまったく悪い鉄砲で、ケースは抜けないし、弾は雷管が紙で水分があれば駄目だ。クマにやられた人は、死んだ人一人、太腿をやられた人一人より見ないけれども、現場を見ると、やはりクマというのはこれだけ恐ろしいものかな、という気がしてならない。

昔のシカリから、きつく言い渡されたことがある。何はともあれ、塩と味噌は持ちなさいよ、と。味噌は一番精がつく。それから、節分の豆、かね餅〔腹持ちのいい携行食〕、シナリ（十二尋《ひろ》の綱）を持ちなさい、鉈を忘れてはいけない、と。そういう憲法のようなお達しがあった。親父と二人でテンを獲りかねて家に帰れなくなったとき、眠気がさすと親父にサッテで精一杯コブができるほどぶん殴られたが、おかげで家にたどり着けた。そのとき、すぐにご飯を食べさせない。味噌湯だけ飲まされ、火のはたに寝て、二、三時間して目を覚ましてから普通のご飯を食べた。そういうことから、味噌は大したもんだと思う。

節分の豆は、いくらかでも持っていれば力になる。かね餅は、もち米とうるち米を味噌でこねて焼いたもの。ちょっと皮が張ったくらいに焼けたのを灰の中に埋けると、かんかん固くなる。それを三角袋（風呂敷を三角にした物）に入れて、自分のまとう皮の下の肩にかける。いつであっても凍らないし、温度がある。「厳しい場所へ行くための命の綱がこれなんだぞ」と教えられた。

戦争に突入して火薬も散弾も買えない時期には、自分で火薬を作った。買うものは硝石だけ。硫黄は玉川温泉に行けばいくらでもある。それからオガラ〔皮をはいだ麻の茎〕の灰。これらを唐臼でつくと火薬になる。散弾は鉛管を古物商から譲り受けて作った。鉛管を熔かして竹の芯に注ぎ込むと針金のようになる。それを鉈で小さく切って、平らな鉄板の上に並べ、鉈の裏でころころ転ばすと丸くなる。これが散弾。実弾は、大きいものに流して切って、金槌で丸くして転ばせば実弾になる。雷管は学校でヨーイドンをやるときの紙雷管を、ずいぶん難儀して手を回して使った。

◉マタギ犬「アカ」

親父と私と二十年間マタギに歩いた犬の思い出。マタギ犬は家族と思わなければならない。秋田犬の中型がよいが、小型でもよく、雑種も使った。クマ、カモシカ、テン、タヌキ、ウサギ、ヤマドリ、カモなどの猟によく連れて行く。冬マタギでは、ウサギ足と称して、後足の曲がった犬でないと雪の上を歩けない。そういう犬だけ選んで飼育した。毛の長い犬は、毛に雪が凍ってつくので歩けなくなる。

鳩の湯の管理人の親父さんは、マタギの途中、病気で倒れて雪の中で意識がなくなったとき、犬が鳩の湯まで知らせてくれたおかげで帰れた。伊藤養吉さんの兄の宮吉さんは、寝グマが穴の中から飛び出てきて太腿をやられたが、犬がクマの足をかじってクマが逃げたので助かった。夜遅くなって月明かりもなく歩かれない場合には、犬が先に家に帰って、家の人を迎えに来させた。

アカは、私が五～六歳の頃、親父が上桧木内の友達からもらってきた小さな子犬だった。毛が赤いからアカ。私は表でじゃれ合って遊んだ。マタギ犬の小さいときの教育だが、古草履、古ワラジを遠くまで投げて手元まで持って来させる。また、犬を抱いて川の中に入り途中で放して水に慣れさせる。犬は橋を渡るのが嫌いだが、首に綱をつけて強引に引っ張って向こう岸に渡る。それを毎日繰り返す。寝床は親父が座る囲炉裏端の床の真下だった。毎日声をかけ、交尾時期だけ遠出しやすいので綱につないだ。

マタギ犬は、自分が獲った子ウサギ、小鳥でも、「持って来い」の言葉一つでわかって、自分では絶対に食べない。家畜にも知らないふりをして追わない。撃ったカモが水に浮かんでいれば、寒中でも泳いで行って、くわえて持って来る。普通は家の中には絶対に入らないが、山に行くときは玄関の戸を叩いて鳴いて開けてもらい、親父がご飯を食べ終わるまで、そばで待っている。親父が準備にかかると、シンシン鳴きながら表に行ったり家に入ったり。人の話から、山に行くときがわかるようだった。

クママタギは、秋グマでは犬を使う。クマは犬に追われ木に登り、その下で犬が番をしている。クマは犬ばかり見ているので、成功率は百%だ。春グマでは、犬は鼻がいいので、穴を掘る素振りをして鳴き、クマのいる穴を教えてくれる。しかし、春グマの巻狩り〔狩り場を取り巻き獲物を追い込む猟〕では、クマが犬の歩けない場所を歩くので、犬は連れて行かない。

カモシカマタギは、雪が深いほどよかった〔前述〕。下手な犬はカモシカの角でやられる。金物で切ったようなすごい怪我をして、一発で殺される場合もある。

テン獲りでは、犬がテンの足跡を追う。テンが木に登れば、その下で待っている。犬をそこにつないでおくと、テンは下りてこられない。川端のバフや木の根の間に入っているときは、匂いをかいで掘り当てて追い出す。大きい石穴に入ったときは自分も入っていき、穴が小さいときは犬がクンクンやればテンは嫌がって出てくる。それでも出てこないときは人間が風上から火を焚いて煙を入れる。このとき犬は、テンに逃げ込まれると鉄砲で撃ちにくい場所につないでおく。テンを一匹獲れば男一人の一ヶ月分の賃金になった時期だから、テン獲りは犬と一緒に一所懸命やった。タヌキ、ムジナ（アナグマ）も獲ったが、我々が主として獲ったのはバンドリだった。バンドリの猟は一番の現金収入になる。親父と二人で獲ったバンドリ、テンで一冬二百円くらいになった。当時、家一軒建てられるくらいの金額だった。あるとき、バンドリ獲りに行ったら、うんと雪が降ってきた。犬も疲れるので、大きい立木の下で雪を凌いでいる。雪が止んで、犬がいないと思ったら、雪の中からポコンと顔を出す。可愛いもんだ。バンドリ小屋で寝るときは、前に火があるけれども背中が寒い。そこに犬がピシッとついてくれる。布団一枚くらいの温もりがあった。

私の家の経済を支えてくれたアカ。死んだときは二十七歳。人間の百歳以上ではないか。三年前から腹にコブができていたが、親父は寝床にご飯を運び、三年間、看て養った。家の氏神様のそばに、立派な箱を作って埋葬し、三寸角の柱に「アカの墓」と書いて建てた。お婆さんが疝気《せんき》で寝込み、母は心臓、私は眼を患って新潟の病院に入院し、一家に三人も病気が出たが、それを助けてくれたのがアカだった。

シナリ（綱）の使い方

↑長さ12尋（約18m）のシナリ（綱）を使って急斜面を下りる。滑らないように右手に巻きつける。

→下りた後に同じコースを戻る場合は、このようにシナリの一方の端を木の根元に固定して下りる。

↓シナリ１本で急峻な滝の脇の斜面を下りきった。

昭和六十二年五月、田中源之助さんがシナリ（綱）を使って急斜面を下りるところを見せてくれた。マタギは長さ十二尋（約十八ｍ）のシナリを必ず持ち歩き、急斜面を下りるときに使う。一尋は両手を左右に広げたときの長さで五尺（約一・五ｍ）。下りた後に同じコースを戻る場合は、シナリの一方の端を木の根元に固定し、帰りに回収する。次の斜面でも使う場合は、木の根元に掛けて二本綱にし、下りたら一方の端を引いて回収する。シナリは滑りだすと止まらず、手をやけどするので、滑らないように右手に巻きつける。

マタギ小屋

〈大深沢の小屋〉

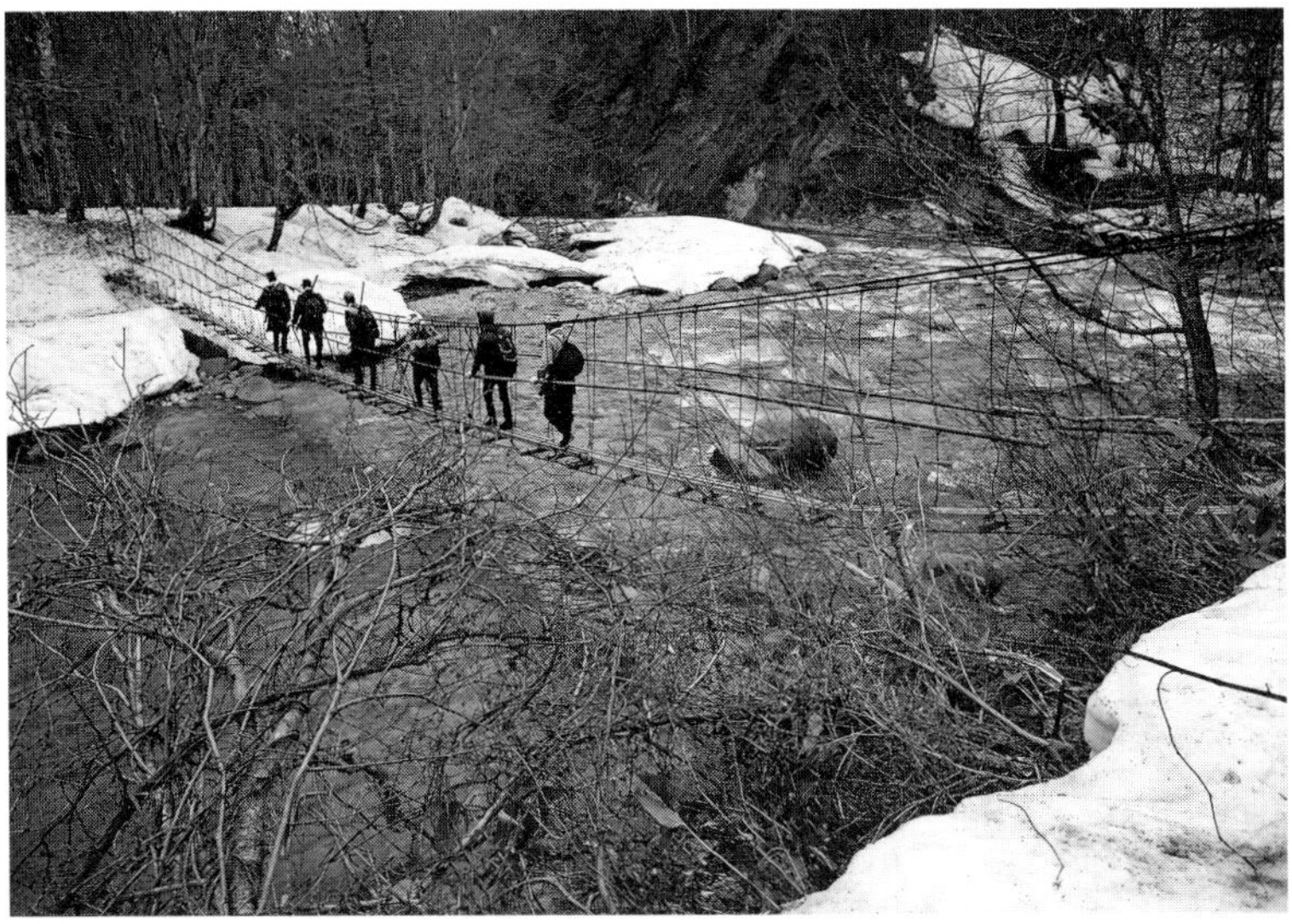

↑大深沢の吊橋を渡る。（昭和62年5月1日）

←大深沢の又口小屋跡に建つ発電事務所の見張り小屋。クマ狩りの基地としてよく使った。（昭和59年5月12日）

玉川マタギは、大深沢や小和瀬川の上流に、クマ狩りの拠点となる小屋を持っていた。大深沢のマタギ小屋（又口小屋）は、古い時代にマタギが温泉の近くに拠点を築いたのが始まりと言われる。私が取材した頃は、又口小屋の跡に建つ発電事務所の見張り小屋（取水堰・水路の保守などに利用）を基地としてよく使っていた。ダム建設により移転を余儀なくされた玉川マタギは、電力会社の社員、営林署の職員、林道やダム工事に従事する土木業者などとして生きた。

小屋にはだいたい五～八人で一～二泊した（大深沢は最大十人くらい泊まれる）。食料は、ある程度持参するか、猟期に先駆けて運び込んでおく。米は一人ずつ小分けにして運び、小屋でまとめ、大鍋で炊く。酒、干物、ハム、缶詰なども持ち寄った。マタギたちは、一日中、山を歩き回っても、小屋に戻り、酒を飲み、クマ肉を食べると、パワーがよみがえり、次の日も山を歩くことができた。小屋での議論は自ずとクマ狩りの話になるが、目印となる沢や木、岩などの場所について意見の食い違いが起きると、大論争になる。目印を間違えると、狩りの成否に大きく影響するからだ。

小屋の近くの露天風呂につかる中島源太郎さん。湯ノ沢（温泉の沢）を堰き止めて作る。古い時代にマタギが見つけ、近くに拠点を築いたのが、マタギ小屋の始まりと言われる。（昭和59年5月19日）

小屋の夕飯。みんな酒が好きで、沢や岩、木など、狩りの目印を巡って白熱した議論になる。左が伊藤養吉さん、中央が門脇隆吉さん。（昭和59年5月12日、田中さん除き以下同）

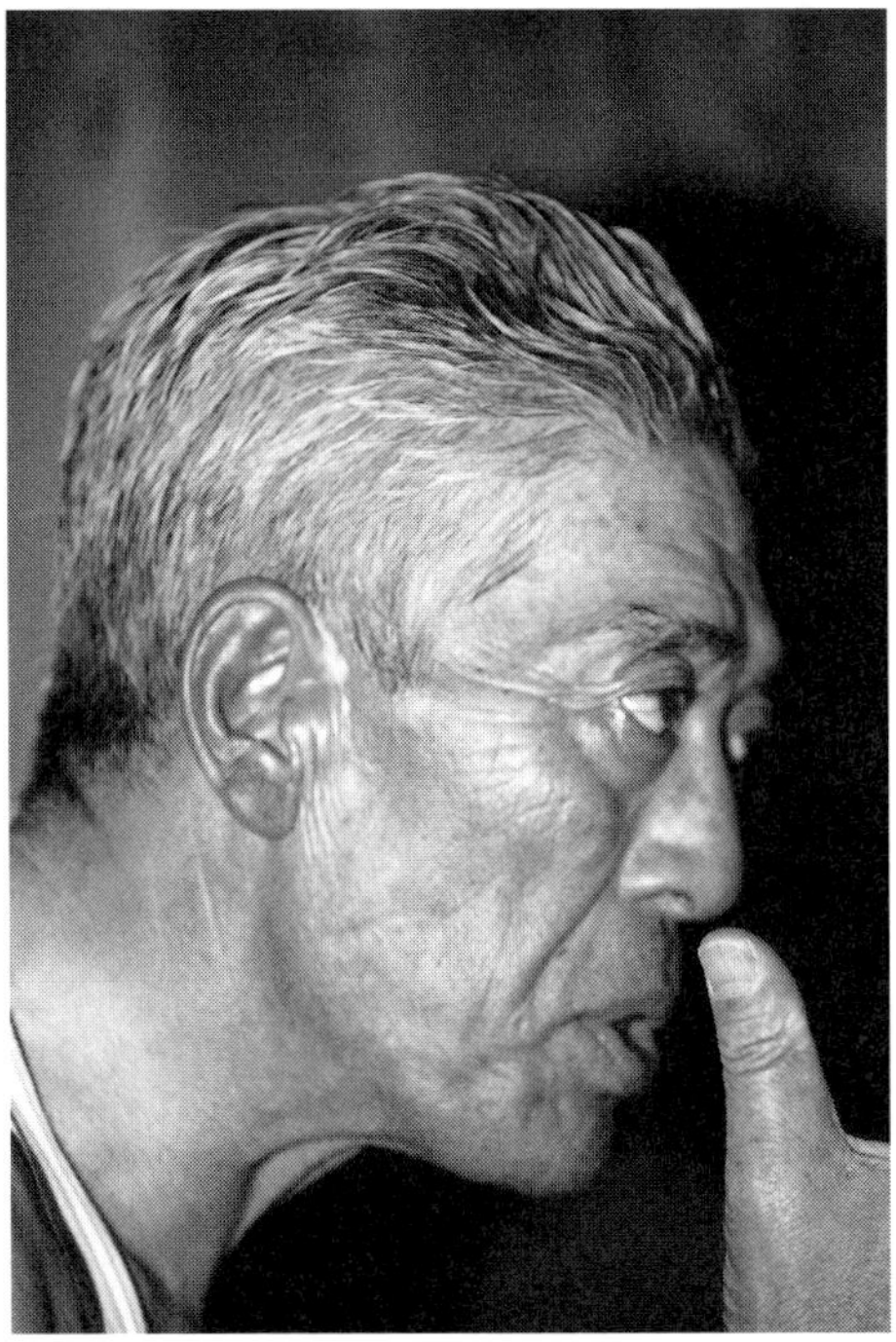

マタギ小屋の門脇隆吉さん。

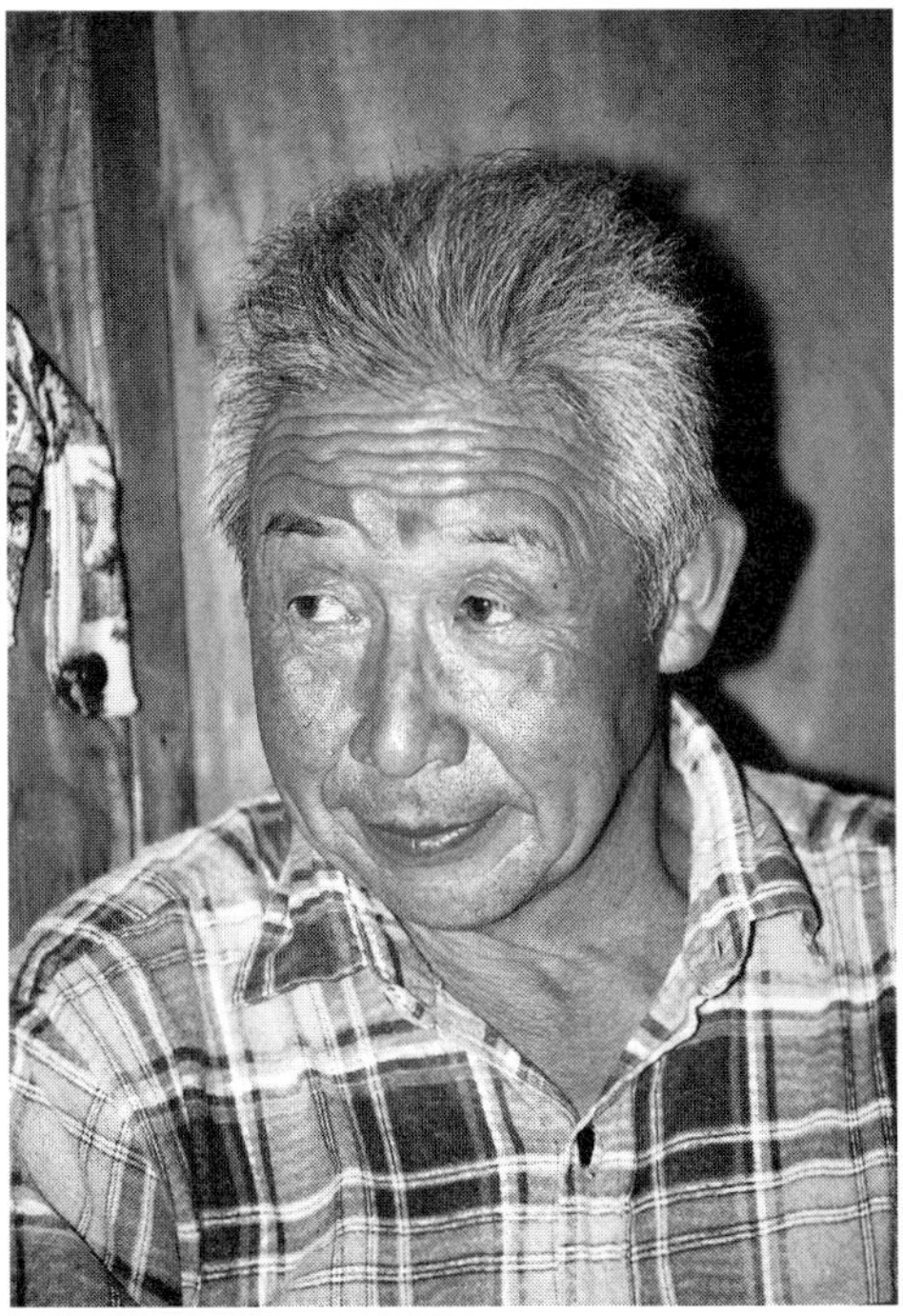

マタギ小屋の田中源之助さん。(昭和62年5月1日)

↑薪ストーブでサンマの干物を焼く。

←小屋で作る食事。ミズ(ウワバミソウ)、ヤマウド、ワカイ(ヒラタケ)など。採集した山菜やキノコは重要な食料であると同時に、欠かせぬ楽しみの一つだった。

↑小和瀬川支流の小屋。（昭和62年5月19日、以下同）

←この日獲れた大グマの肉や内臓を料理する。肉は骨ごと切る。

↑クマのナガセ汁とストーブで焼く骨付き肉。クマの肉を食べると、どんなに疲れていても元気が出るから不思議だ。

↑肉を切り分ける。ストーブで煮たり焼いたりする。

↑ナガセ汁。肉を骨ごと全部煮る。

骨に付いた肉も大切にいただく。

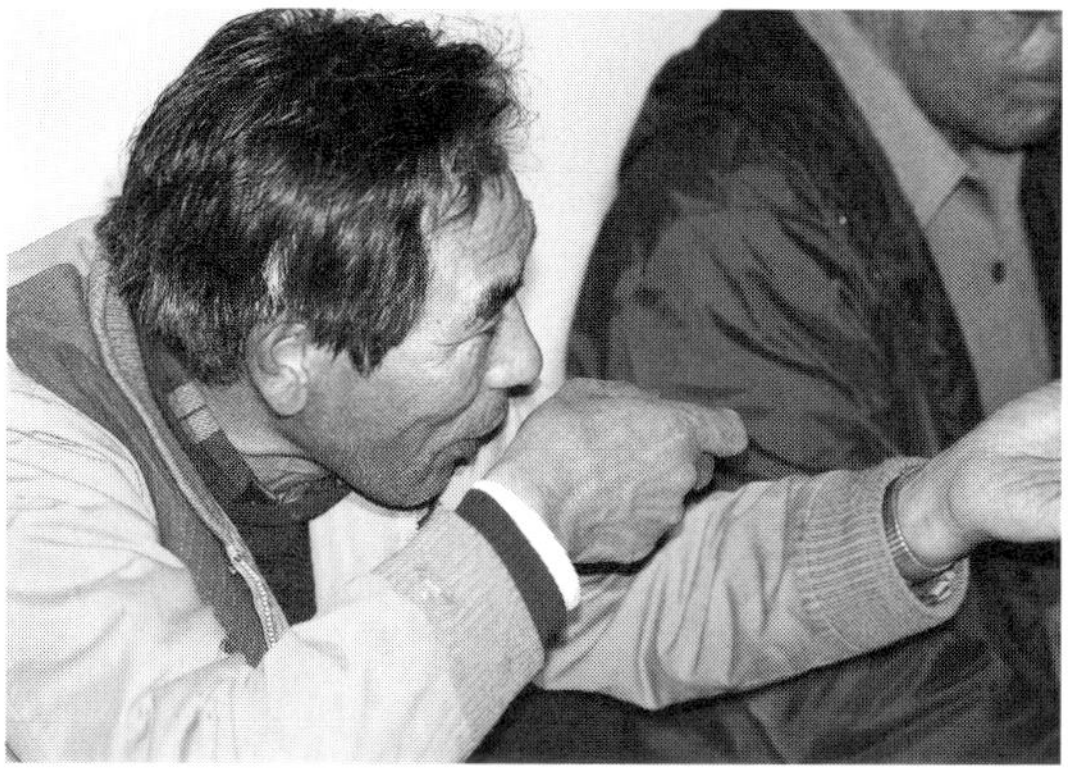

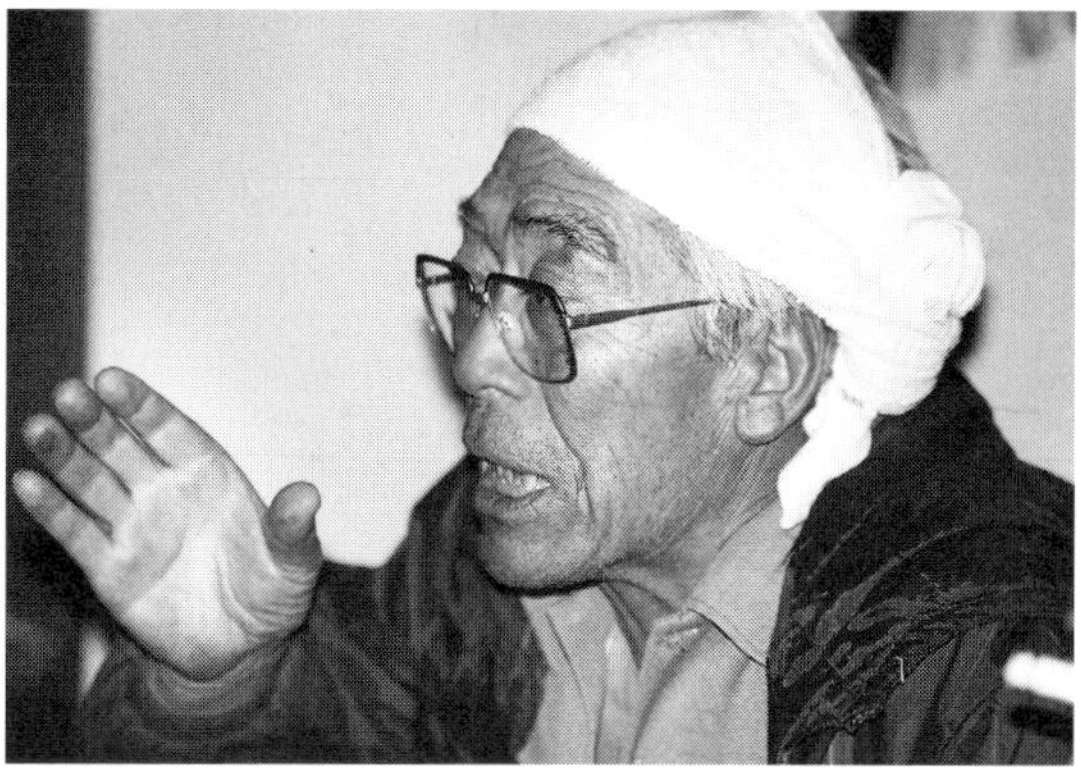

小屋でのマタギ談義。武勇伝や山の話で盛り上がる（左が伊藤正一さん）。

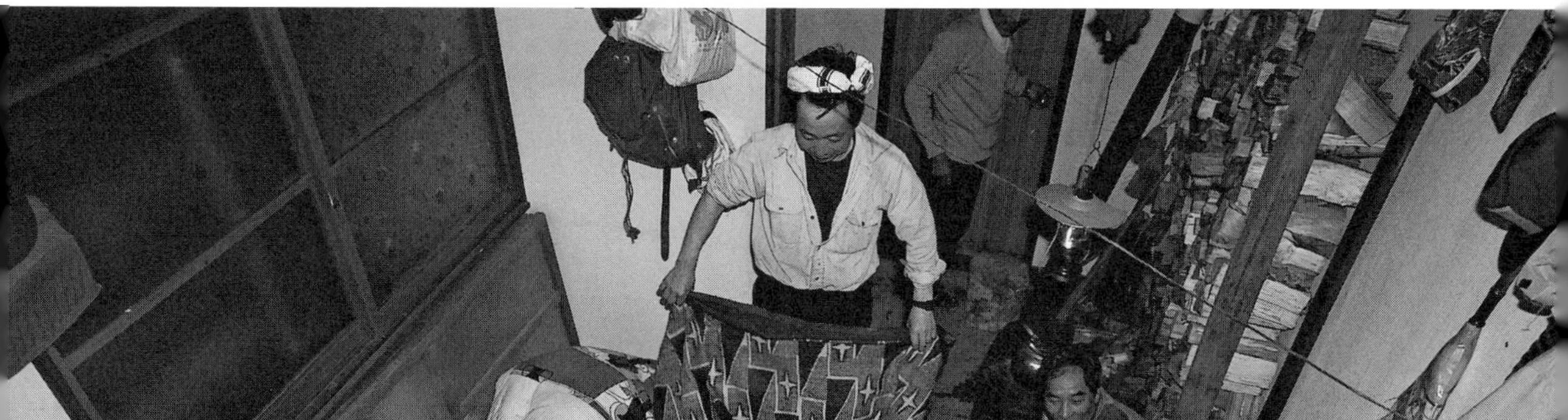

就寝の準備。

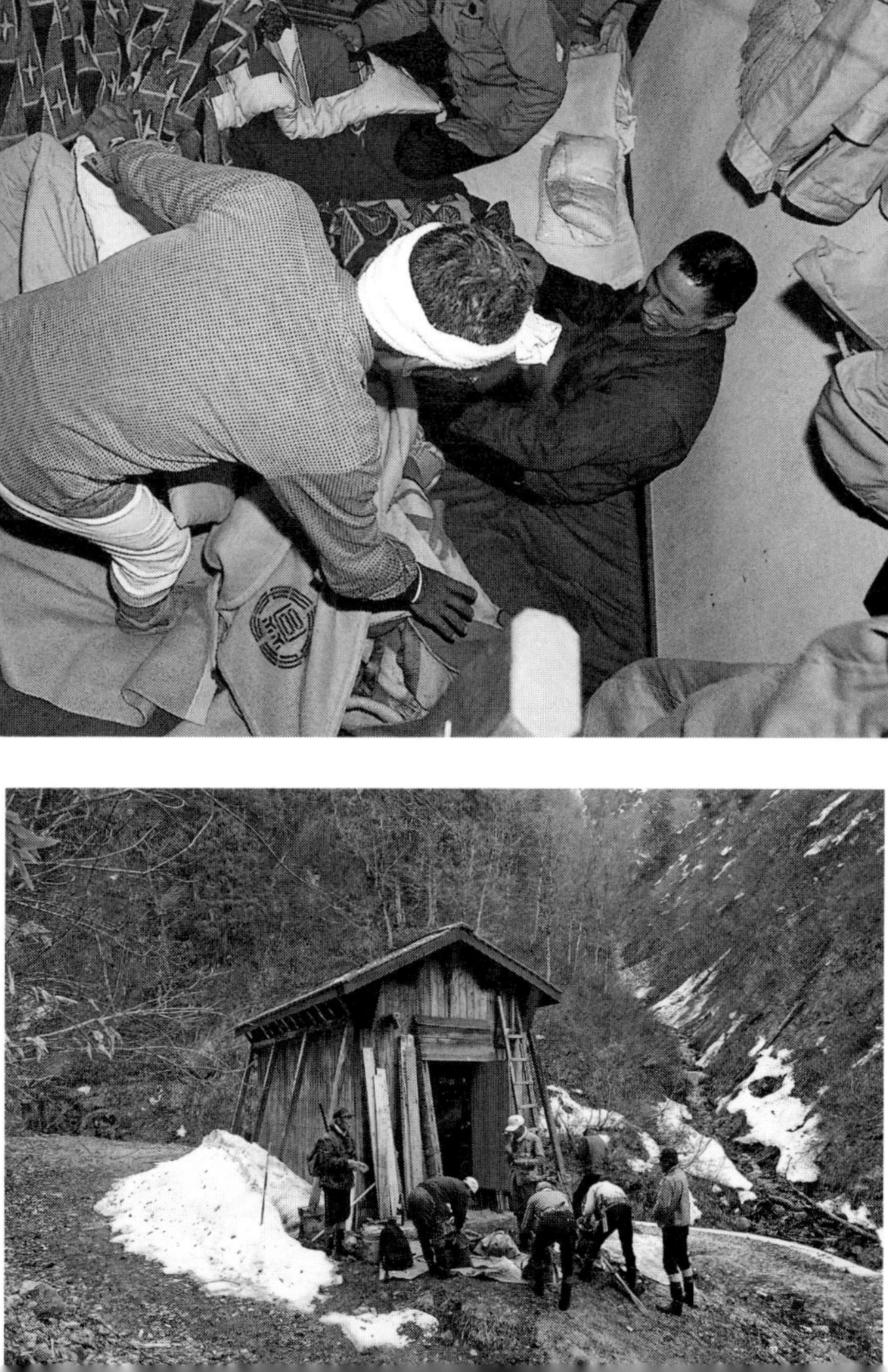

朝の出発準備。

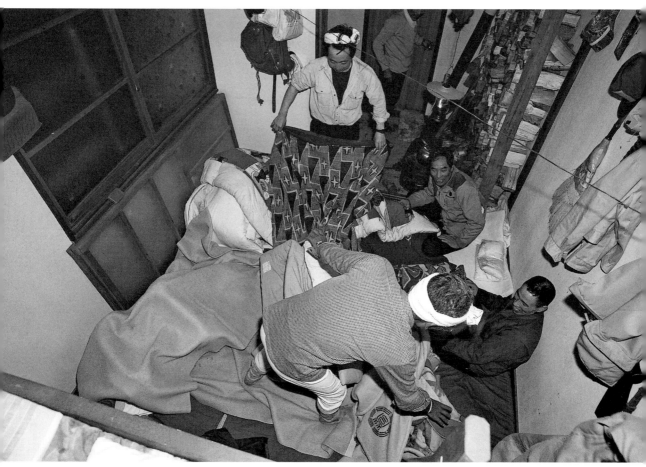

↑①直径約 50cm のヤシ（サワグルミ）の木をノコギリだけで伐る。刃渡り 30cm ほどだが、やたらよく切れる。左右両側から刃を入れて、あっという間に伐り倒した。

←↖②鉈で皮に切れ目を入れ、ツクシ（先端がクサビ形の棒）ではがしていく。皮の長さは約 1.2m。持ち歩く道具は最小限で、ツクシもその場で作る。

小屋がけ

野営するときの小屋の作り方。昭和六十年頃、門脇隆吉さん、田中源之助さんが再現してくれた。場所は大深沢の大岩が突き出したところ。手持ちの道具は鉈とノコギリの二つだけ。

まずツクシという道具を作る。手で握れる太さの木を切ってきて、片方の先端をクサビ形に削ったもの。

次に直径約五十cmのヤシ（サワグルミ）の木をノコギリで伐り倒し、鉈で長さ一・二mほどのところに切れ目を入れ、ツクシで皮をはがしてゆく。面白いほど簡単にはがれる。これを屋根材にする。

ほかに、柱にする長さ五mくらいの丸太を三本、柱に横掛けする木を四、五本、材をつなぐヤマブドウのツルの外皮を採ってくる。

ヤマブドウの皮は縦方向の力に強く、適度な太さに引き裂いて、丸太の骨組みやヤシの皮をくくりつけるのに使う。あとの材料は、笹の葉だけ。

傾斜の付いた大岩に、三本の丸太を立て掛け、これに細めの横木を四、五本、ヤマブドウの皮で固定する。その骨組みの上に、ヤシの皮をヤマブドウの皮でくくり付けて屋根板とし、その上を笹の葉で覆う。

笹の葉は根元を上にして取り付ける。逆さにするのは、雨水が切れやすく、下に流れやすいためだ。

小屋の中の岩のそばで火を焚くと、岩が蓄熱し、朝まで暖かいそうだ。

三年後に行って見たら、雪にも風にも耐えていた。

④ヤシの皮で屋根を葺く。皮は2段重ね。岩屋やヤシの木がどこにあるか、マタギは知っていた。

③木を組んで、ヤマブドウのツルの皮で留める。

→⑤雨が入らないように笹を下向きに重ねて留めていく。ヤシの皮の戸を付けて完成。

↑小屋の中で酒を飲む門脇シカリと源さん。煙は天井から抜ける構造のため、煙たくない。

→小屋の中で飯作り。火を焚くと岩に蓄熱され、朝まで暖かい。ロシアのレンガ製暖炉ペチカと同じ原理。

火起こし

枯れ木を探し、切って焚き木にする。立ち木でも、けっこう枯れ木や枯れ枝が見つかる。

焚き木を集める。

門脇シカリは「鉈、マッチ、ライター、塩、味噌、これだけあれば、しばらく生き延びられる」と言う。マッチ、ライターを雨などで濡らした場合は、脇の下の体温で乾燥する。十分ぐらいで乾燥し、火がつく。

マタギは雨、雪、風など、いかなる場合でも火を焚けなければならない。体を暖めるにも、炊事の煮炊きにも、火がいる。火を起こせない者は一人前のマタギとは認められない。

昭和六十年代の六月頃、大深沢で火起こしを見せてもらった。まず燃えやすい枯れ木を探す。たとえばヒメコマツ（キタゴヨウ）、スギなどの針葉樹の枯れ葉、枯れ枝。立ち木にも必ず枯れ枝がついている。高いところの枯れ枝はカギ状の棒を作り、引っかけて採る。広葉樹にも枯れ枝はある。

ダケカンバ、ウダイカンバ、シラカバなどカバ類は燃えやすいので、乾燥した樹皮（ガンピ）を持ち歩く。ただし、シラカバは秋田には少ない。

ヤマブドウの外皮も燃えやすい。この皮をしばってタイマツも作る。

●火の起こし方

まずガンピ（ダケカンバの乾燥した皮）に火をつけ、枯れた小枝や、太い木を鉈で削り、それをくべる。焚き木の組み方は、最初、燃えやすい小枝などを横に積む。隙間がありすぎると燃えにくいので、

農文協出版案内
狩猟採集の本

2019.8

シカ・イノシシ利用大全
田中康弘著

農文協 〒107-8668 東京都港区赤坂7-6-
http://shop.ruralnet.or.jp/
(一社)農山漁村文化協会 TEL 03-3585-1142 FAX 03-3585-3668

猟師が教える シカ・イノシシ利用大全

田中康弘著

978-4-540-14197-3

●2500円

各地の猟師たちの角・皮・肉利用法。日常料理としてのおいしい食べ方から皮のなめし方、ワナの仕掛け方、止め刺しの方法、肉の売り方まで。銃やナイフ、長靴選びや狩猟アイテムの解説も。

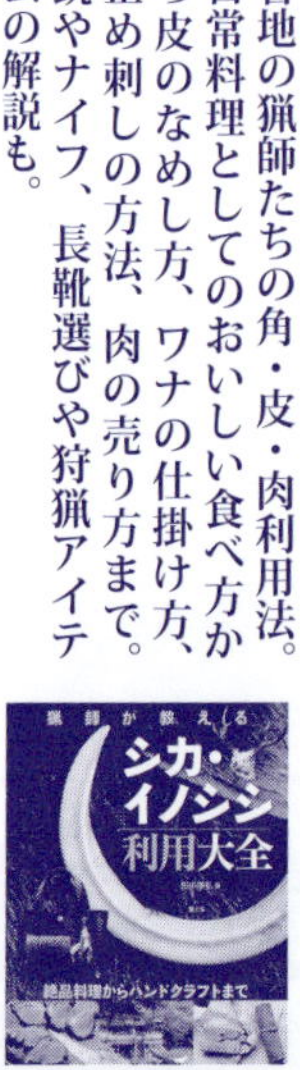

いけるね！シカ肉 おいしいレシピ60

松井賢一著

978-4-540-14192-8

●2100円

シカ解体と販売で知られる滋賀県職員である著者が、鹿肉をうまくする捕獲解体法のポイントと下処理・加熱法など獣臭がなくやわらかくておいしい鹿肉調理の勘所を紹介しながら、60以上のレシピを公開。

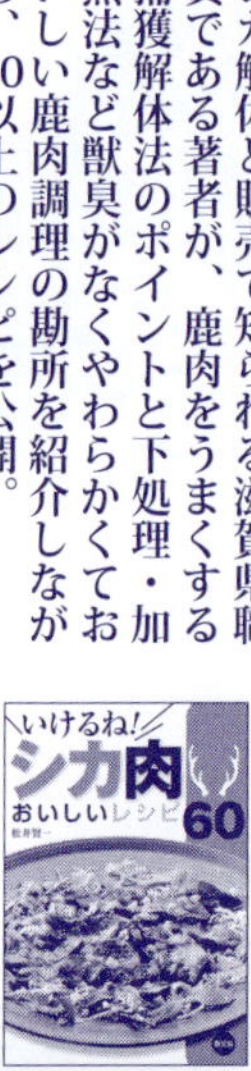

Q&A はじめよう！ シカの資源利用

丹治藤治著 宮崎昭ほか監修

978-4-540-17197-0

●1100円

シカの被害防止や資源利用、特用家畜としての飼育管理について10のテーマに分けてわかりやすく解説。全身の資源利用やシカの地域産業化に役に立つ情報をさまざま取り上げる。

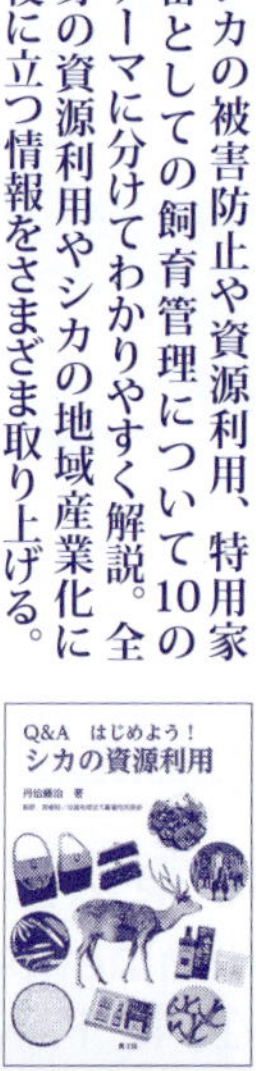

職漁師伝 渓流に生きた最後の名人たち

戸門秀雄著

各地の職漁師が代々伝承してきた共存の知恵・独自の掟から、いまは亡き名人たちの釣技・釣具、魚を守る闘いに至るまで、彼らの生き様を通して、流域ごとに異なる奥深い職漁の世界

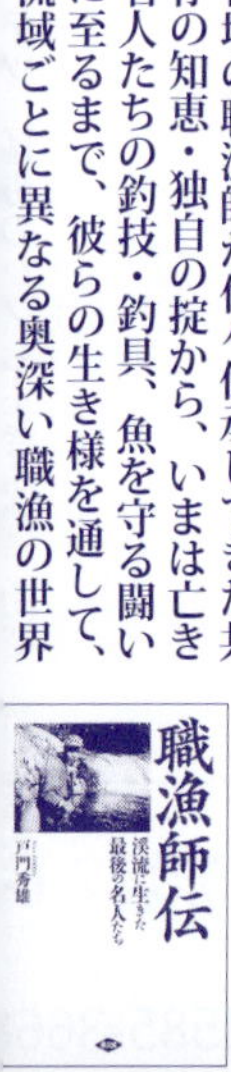

現代に息づく縄文的生活技術

かくまつとむ著

978-4-540-14196-6 ●2700円

ソテツ、猛毒のハブも生きる糧。山でイノシシを騙し討ちにし、鳥の渡りでカニの漁期を知り、野生の地蜂・蜜蜂を飼い馴らす。狩猟・採集の達人たちの技、かろうじて残る縄文的世界。

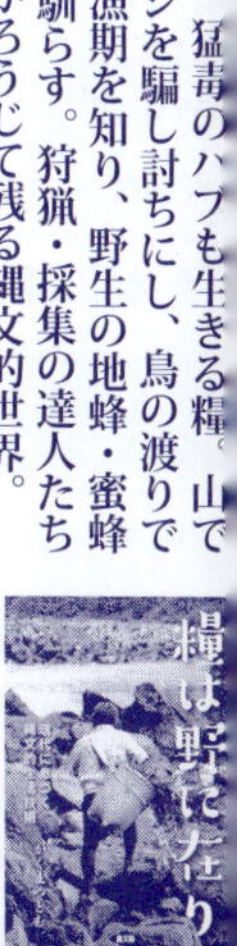

宮本常一とあるいた昭和の日本22
けもの風土記

田村善次郎・宮本千晴監修

978-4-540-10222-6 ●2800円

風景のなかに刻まれた風土から歴史を読み解き、そこに暮らしてきた人々の知恵と意志を再発見する。全国を歩き聞いた、猪垣や罠、狩猟、供養祭り、日本の熊の生態と古代からの熊猟の方法、儀式など。

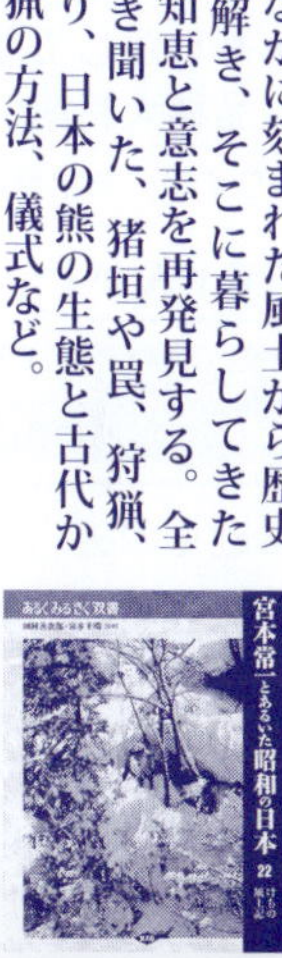

写真ものがたり　昭和の暮らし2
山村

須藤功（民俗学写真家）著

978-4-540-04090-0 ●5000円

木を育て加工し、焼畑で雑穀を作り、山菜や鳥獣を獲り、神楽を舞い、山の自然に生かされて暮らしていた昭和30年代ころまで山村の人々の貴重な記録映像。高度成長で見失われたその技と思いをわかりやすく物語る。

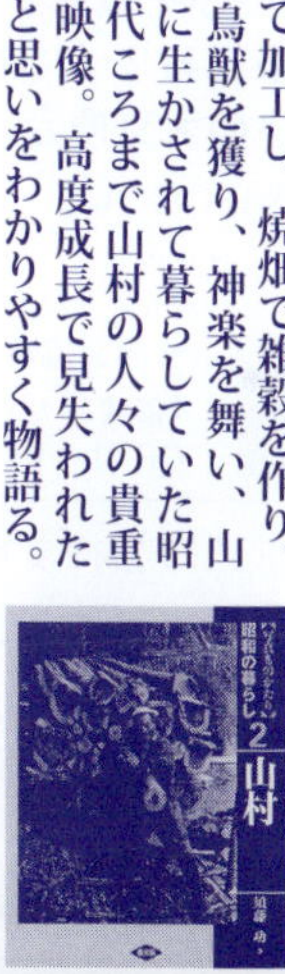

二万年の奇跡を生きた鳥
ライチョウ

中村浩志著

978-4-540-12118-0 ●2500円

日本のライチョウはなぜ人を恐れないか。興味深いその生態や社会行動の解明を通して浮かび上がる、ライチョウと日本の自然、また日本人の暮らし、文化との関わり。2000羽を切った「奇跡の鳥」のラストメッセージ。

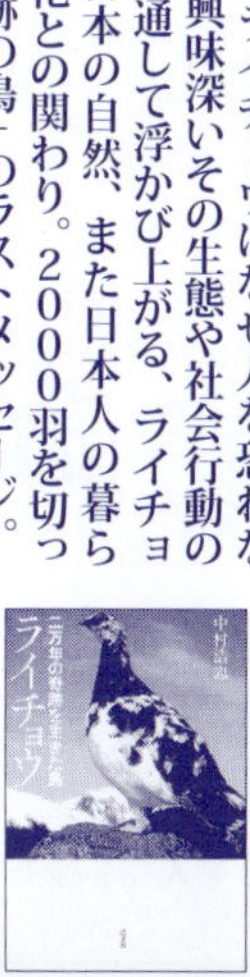

現代農業

作物や土、地域自然の力を活かした栽培技術、農家の加工・直売・産直、むらづくりなど、農業・農村、食の今を伝える総合実用誌です。

A5 判平均 380 頁
定価 823 円（税込） 送料 120 円

≪現代農業バックナンバー≫

2019 年 8 月号	増客増収！　夏の直売所
2019 年 7 月号	身体にいい草、すごい草
2019 年 6 月号	もしかして間違ってる？ 農薬のまき方
2019 年 5 月号	浅水さっくりスピード 代かき法
2019 年 4 月号	切って食べて 竹やぶを減らす
2019 年 3 月号	もしかして間違ってる？ タネの播き方
2019 年 2 月号	品種大特集　タネの大交換会

※在庫僅少のものもあります。お早目にお求めください。

ためしに読んでみませんか？

★見本誌 1 冊 進呈★
ハガキ、FAX でお申込み下さい。　※号数指定はできません

★農文協新刊案内
「編集室からとれたて便」
QR コード

◎当会出版物はお近くの書店でお求めになれます。

直営書店「農文協・農業書センター」もご利用下さい。

東京都千代田区神田神保町 2-15-2　第 1 冨士ビル 3 階
TEL 03-6261-4760　FAX 03-6261-4761
地下鉄 神保町駅 A6 出口から徒歩 30 秒 （サンドラッグ CVS を入り 3 階です）
平日 10:00 ～ 19:00　土曜 11:00 ～ 17:00　日祝日休業

↑小枝から火をつける。スギ、ヒメコマツなど、針葉樹の枯れ葉も火がつきやすい。木片を使うこともあった。これができないと一人前のマタギとして認められない。玉川マタギは当然、全員できた。

↑だんだんと太い木を上に載せていく。火力がつかないと燃えにくい。

↑焚き付けにはヤマブドウの皮を使う。

←焚き火でヤマウドを焼く。春の食べ頃を過ぎて大きくなったウドも、焼いて皮をむくとおいしい。

こうしたときは足で踏んで、密度を高めると燃えやすくなる。息を吹くか、鍋のフタ、編み笠、帽子などを使って風を起こす（ウチワの代用）。火力が増すと生木でもどんどん燃える。焚き火のあとに針葉樹の枝葉を敷き、その上に寝ると朝まで暖かい。

雪上の場合、丸太を作って数本敷き、その上で火を焚く。雪上では火が燃えてくると、火が下へと沈んでいくためだ。雪の中で冷たくなったおにぎりなどを食べると、急に体温が下がるので、焚き火をする。

マタギは、山中で迷った人やマタギ小屋に来た人を迎えるときは、まず火を焚いて暖めてやる。次に温かい食べ物を与える。それが山では一番の「もてなし」だ。

●火打石とモグサ

昔は火打石で火を起こした。門脇シカリによると、夏にヨモギの葉を乾燥し、臼でついてふるいにかけ、綿状のものを保存する。「モグサ」である。それを常に持ち歩き、火を起こすときは、一握りのモグサを手で覆い、そこに火打ち石で起こした火花を引火させる。小さな火花だが、ふうふうと息を吹くことで火力があがる。ある程度の火力になったら、ガンピに移す。さらに、枯れた小枝や削った木片に移してゆく。

〈タイマツ作り〉

↑タイマツはヤマブドウの皮だけで作る。束ねた皮を細く割いた皮で３寸（約 9cm）ごとに縛る。縛ると言っても、ひねって挿し込むだけ。

→ヤマブドウの外皮は燃えやすい。ささくれており、刃物を使わずに手ではいで採る（その下にある内皮は編みカゴに使う）。

←火が消えそうなときや明るくしたいときは、左右に振ると、また燃えてくる。

↑タイマツは少し下に向けて持つ。

←↑ネマガリダケのタケノコ。皮ごと焚き火で焼き、皮をむいて味噌をつけて食べるとうまい。

大深沢の恵み

玉川はネマガリダケが豊富で、そのタケノコはクマも好物だ。

ヤマウドは季節が遅くなっても食べる。根元より採り、全体が黒くなるぐらい焚き火で焼く。熱いうちに皮をむき、味噌をつけて食べる。

ミズ（ウワバミソウ）は春から秋まで食べられる。皮をむき、味噌と一緒に鉈で叩いて食べる。ミズタタキと言う。ヒロッコ（ノビルの球根）またはニンニクなどを入れると一味違う。たまにマヨネーズと味噌を混ぜて使う家では「ミソマヨ」と言っている。秋にできるミズのコブも粘り気があっておいしい。

その他の山菜も、大きくなっても先端の部分は、おひたしや鍋などで食べられる。

焚き火でイワナを焼く。マタギ小屋でも焼いて食べた。

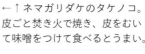

↑トチバニンジン。葉がトチノキの葉に似るため、この名がある。朝鮮ニンジンと同様の薬効があり、生薬として売れる。

↑クマイチゴ。初夏、母グマは子グマをキイチゴのある場所に連れて行き、子グマが夢中で食べている間に、そっと移動し、子別れする。これを「クマのイチゴ落とし」という。

→ブナの倒木に生えるブナハリタケ。クマが獲れる森はキノコの宝庫でもある。

→ナメコ。晩秋のブナ帯を代表するキノコだが、門脇シカリによると、真剣に採るようになったのは生で売るようになってから。1升ずつ、枡《ます》で計って売った。

百宅《ももやけ》マタギ

――山の神信仰と熊祭り

■由利本荘市鳥海町百宅

鳥海山麓の百宅集落は、鳥海修験との関係が深く、伝統的な習俗が最後まで残されていた。仕留めたクマは山で解体せず、引いたり担いだりして集落まで運ぶ。呪文を唱え、引導を渡して解体したら、山の神に祈りを捧げ、盛大に「おふるまい」をする。

冬の百宅

吹雪の百宅集落。（昭和 60 年頃、以下同）

鳥海山（標高二二三六ｍ）は秋田・山形の県境にそびえる独立峰である。その山麓に、古くからマタギを行なってきた百宅の集落がある。半農半猟だが、一年の半分近くは雪の中で狩りをした。古老の話では、以前はほとんどの家がマタギをしていたという。百宅の人々は、山の神を信仰し、古来の伝統を守っていた。

百宅マタギは日光派に属し、シカリ（頭領）は「山立根本之巻」と呼ばれる巻物（二六ページ参照）を山入りの際に持参した。巻物は長さ二・六四ｍ、幅一六・七㎝。

マタギは産火と死火を忌み嫌い、家で出産や死亡があると、火が穢れると考え、その家の者は一週間、狩りに行かなかった。また、クマ狩り前の一週間は、夫婦が床をともにすることもできなかった。マタギたちは、山に入れば山言葉を使い、里言葉の使用や女の話は厳禁で、禁を破った者は水垢離か笹垢離をした。山での緊迫感や精神を高めるために、日常との隔たりをつけたのではないかと思う。

山入りに持っていく物は鍋、米、味噌、餅、シナ（粃）餅、節分の豆、マッチなどで、カマス（袋）に入れて持って行った。

狩り場は庄内山（鳥海山など）と最上山（石蓋狩山、明神山、雁唐山、加無山、甑山など）で、昔は山形県側に行っていた。山にはいくつか基地となる岩屋があり、最上山の岩屋は五十人が入れる大きさだった。

冬眠の穴にいるクマは、マサカリで根元に穴をあけ、燻してタテ（槍）や鉄砲で仕留めたが、クマ狩りの主流は春山（五月）の巻狩りだった。春マタギの季節が訪れるまで、百宅の冬は長く厳しい。

（『鳥海町史』より）

厳冬期の山の神神社。

民家の雪囲いの入口。冬が長く、豪雪の百宅では、冬が来る前に木を組んで、家の周りを茅で囲った。中は真っ暗で、昼でも照明が必要だった。クマの冬眠穴のようだ。

民家の出入り口の雪よせ。

バスを待つ人たち。集落には車を持っていない人がけっこういて、町に行く交通手段は大半がバスだった。

ウサギ狩りの老夫婦と犬一匹。コナギャを突きながら
雪の中を進む。山ウサギは冬の貴重な蛋白源だった。

勢子（追い手）のお婆さん。

射手《いて》（撃ち手）のお爺さん。

春の訪れ

百宅集落から見た鳥海山。山域全体が広大な狩り場となっている。

イワウチワ。春の初めにマンサクと咲き競うため、百宅では「ワレサキ」と呼ぶ。

雪代水の「法体の滝」。この滝の奥にも百宅マタギの狩り場がある。

雪が融け、姿を現わした雪囲い。冬の間、豪雪と厳しい寒さから家を守った。

雪囲いの茅を外した民家。これから骨組みも外す。春マタギの季節になり、村人の心も浮き立つ。

里のカタクリ群落。この頃が奥山でのクマ狩りの最も盛んな季節である。

雪囲いの骨組み。

クマ狩り

↑山入り前の休憩と打合せ。後方に鳥海山が見える。これから赤崩沢に向かう。クマが冬眠から覚める頃、ブナの若木の多くは、まだ深い雪の下に埋もれている。

朝７時頃、出発。身支度をして大平森林道から山に入る。手前は百宅マタギのシカリで腕もピカイチの金子長吉さん。

昭和六十年五月一日、四人のマタギが山に入った。シカリの金子長吉さんは古くからのマタギの家系で、百宅一の名手である。百宅マタギの狩り場は、鳥海山の東斜面に広がるブナ林だ。山の百宅側が赤崩沢で、昔からのクマ狩りの中心地である。クマの足跡を発見し、射手《いて》（撃ち手）と勢子の二手に分かれた。最初にマタギたちが設定した狩り場には一頭のクマがいたが、意外な行動に出たため、取り逃がした。もう一度、クマを巻くべく移動中に、親子三頭のクマを金子さんが発見。追跡して仕留めた。クマは顎に綱を結わえて雪の斜面を引いていき、里まで運んで皮はぎの神事と熊祭りを行なう。その狩りから儀式までの記録である。

狩り場に向かう。犬の毛皮は当時でも珍しい。金子さんはこれがいいと言う。毛皮を尻の下に敷いてソリがわりにもした。毛皮の頭のほうを斜面の下に向ける。逆だと滑らない。

いきなりクマに出会うことはほとんどない。マタギたちはまずクマの足跡を探す。腕のよいマタギは、どこへ行けば足跡を見つけられるか、よく知っている。

クマの足跡を発見。詳細に観察して、クマの大きさや状態、現在位置を考える。このときはその場で勢子と射手の位置が決められた。

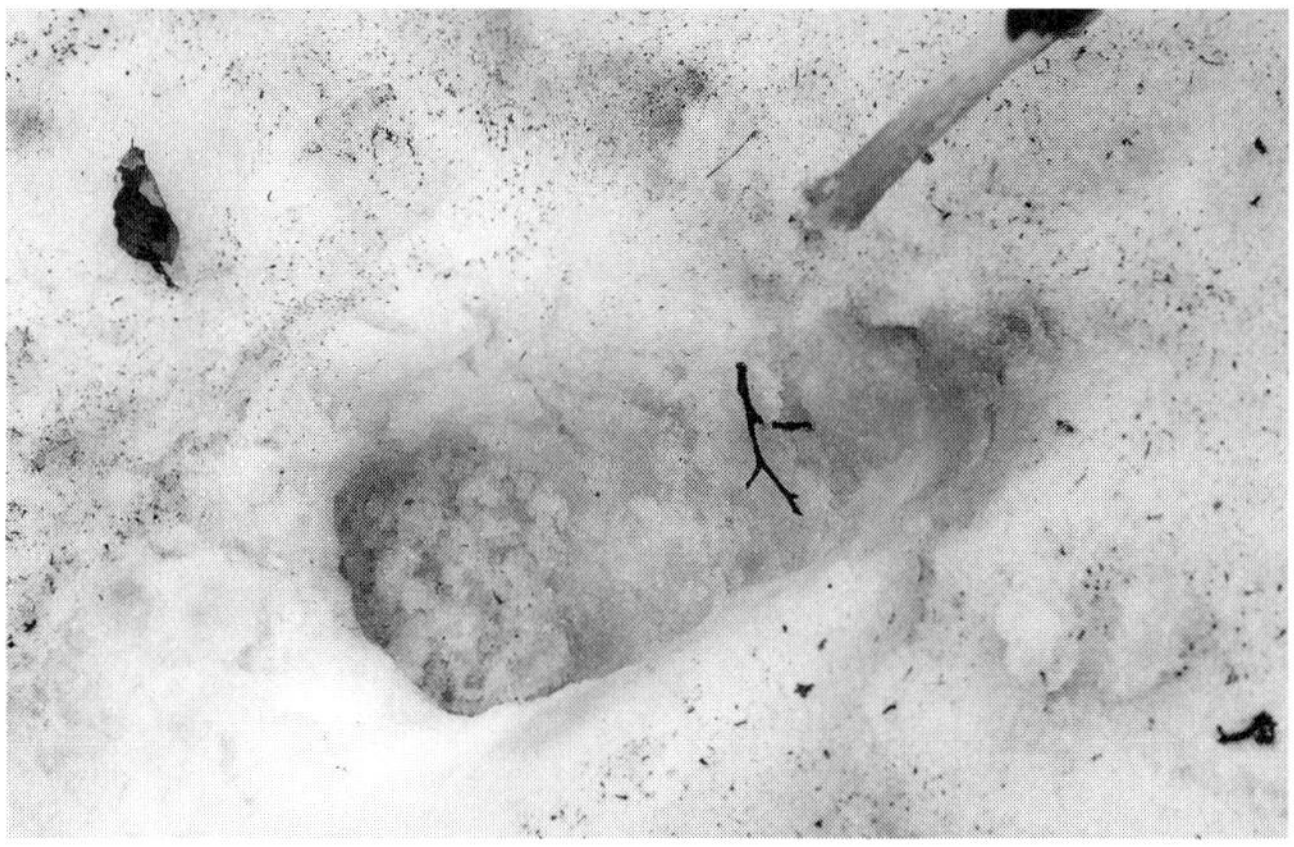

クマの足跡（前足）。

射手となった2名がマッパ（待ち伏せする場所・人のこと）に向かう。赤崩沢の手前、新平の倉にて。

上のマッパにつく佐藤五郎圓さん、62歳、マタギ歴36年。この日の射手。犬の毛皮にも年季が感じられる。

下のマッパの佐藤一則さん、39歳、マタギ歴10年。この日の射手。この少し上に、佐藤五郎圓さんがいる。

↑クマ出現。勢子に追われたクマは、下のマッパの背後を通り、2人のマッパの間に出現するという意外な行動に出た。距離約 50m。左右に首を振りながら歩いてくる。一則さんはクマが真横に来るまで気づかなかった。

距離が遠かったため、一則さんは射撃できなかった。クマは急に方向を変え、上のマッパのほうへ向かった。前方には佐藤五郎圓さんがいる。カメラマンは射手が最初の一発を撃つまでシャッターを押すことができないが、一則さんは私に写真を撮るように指示した。私はシャッターを押しながら走り出した。五郎圓さんから 10m のところでクマは五郎圓さんに気づき、横っ飛びに逃げた。射線方向に人間がいるため、射手は射撃できなかった。猟は失敗した。

佐藤一則さん。

佐藤五郎圓さん。

村上貞次郎さん、45 歳。この日の勢子。

金子長吉さん、44 歳、マタギ歴 24 年。百宅一の名手。この日の勢子。ライフルの構え方が違う。先台を指先で支えるとぶれにくい。

別のクマを探すために沢へ下りる。

急峻な地形が至るところにある。尾根筋は雪解けが早い。

陽当たりのよい沢を歩く。

鳥海山を背に、犬の毛皮をつけて小倉を歩く金子さん。マタギの語源は「山をまたぐ」から来ているという説があるくらい、一日中歩く。

↑巻狩りの打合せ。途中、何回もする。

←ライフルの弾を込める金子さん。

↓偶然、親子グマを見つけ、再び配置が決められる。勢子はクマを巻くために離れていき、私はマッパに従った。1時間ほどしてバーンと銃声が聞こえ、駆けつけると断崖の下にクマが倒れていた。母グマは金子さんが沢の反対斜面からライフルで仕留めた。斜面上部にいた2頭の子グマも仕留められた。

下顎に穴をあけて綱を通す。クマは里まで運んで解体する。

母グマ（75.1kg）、子グマ２頭（28.2kg と 30.2kg）。子グマは１歳半の夏に母グマと別れる。マタギにとって子グマも大切な糧だった。

下山。顎に綱を結わえて引いていく。重くて大変だが、ケボカイ（皮はぎの神事）は集落で行なう。山では解体しない。

母グマは二人がかりで引く。直線なら往復10kmの道のりも、沢を渡り、崖を巻き、尾根を越え、登り下りを繰り返せば、何倍にもなる。

クマを引きながら倒木を橋にして雪代水の赤崩沢を渡る。

2人がかりでクマを沢から引き上げる。

車を置いた地点まで担いでいく。マタギはどのコースで帰るのが一番よいか熟知している。クマを担ぐ棒も、その場で木を切って作ってしまう。

シカリである金子さんの家の前の平らにした雪の上にクマを置いた。

マタギたちの都合で翌々日、ケボカイと熊祭り、おふるまい（宴会）が行なわれた。県に報告するために、体重や胃の内容物などが記載される。

ケボカイ

狩りの翌々日、シカリの庭先でケボカイが始まった。ケボカイの儀式と熊祭りは、当時、他のマタギの現場では省略されてしまっていた。ケボカイでは、射止めたクマの毛皮をはぎ、皮の頭と尻を反対にしてクマにかぶせる。頭を西に向け、シカリが印を結んで呪文を唱える。呪文の内容は秘密だ。アビラウンケンソワカと言うかを尋ねると、その言葉は使う、とだけ答えてくれた。

ケボカイには幾人かのマタギが参加し、すばやくさばく。腸をさばくときは、近くを流れる小さな沢で、小刀の先端に大豆を刺して、腸の内側から切り開く。切り口の反対側を切り裂かない工夫だ。このような刃物の使い方は初めて見た。

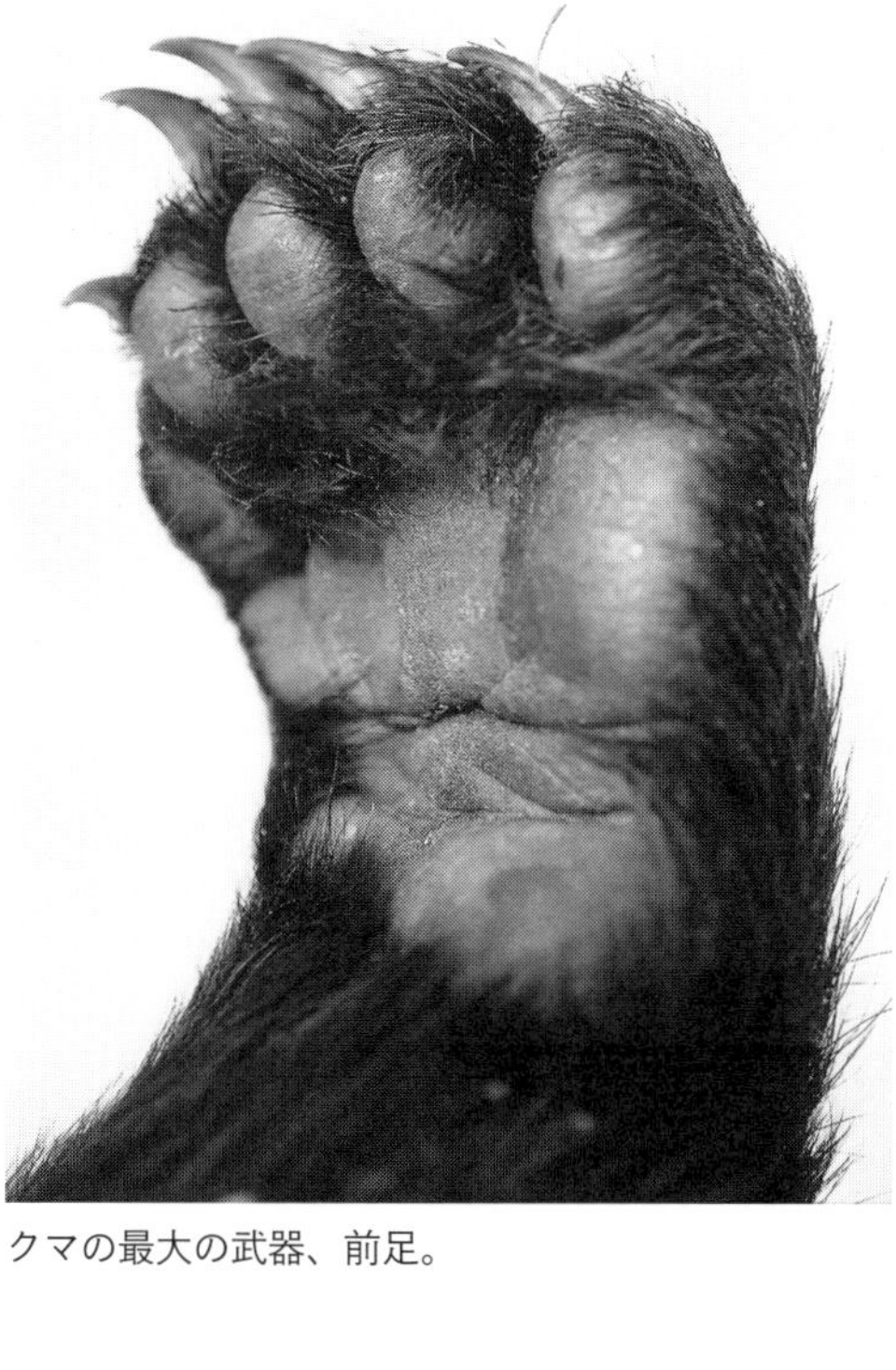

クマの最大の武器、前足。

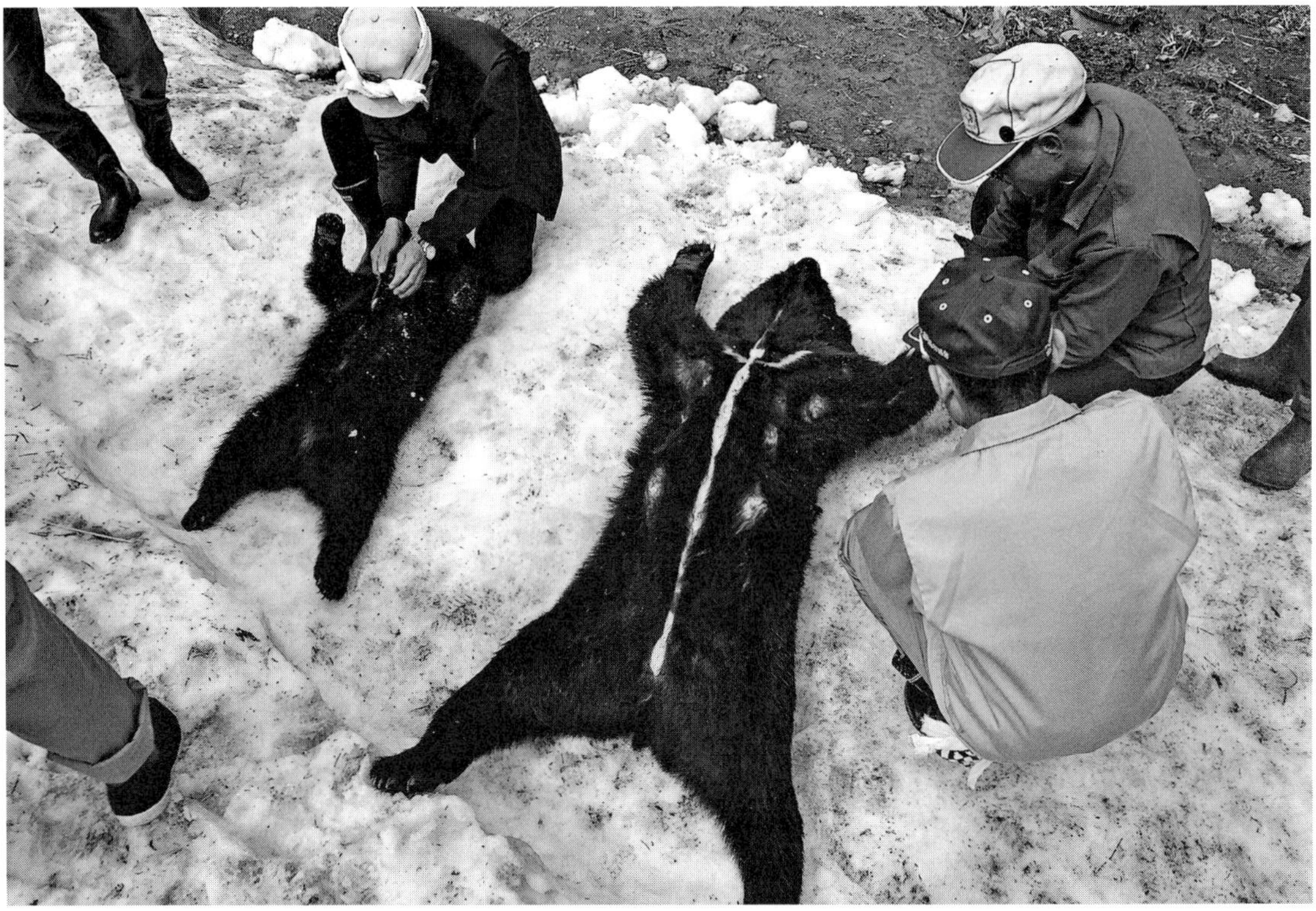

ケボカイが始まる。下顎から腹にまっすぐ刃を入れる。

村人が手分けしてクマの毛皮をはぐ。

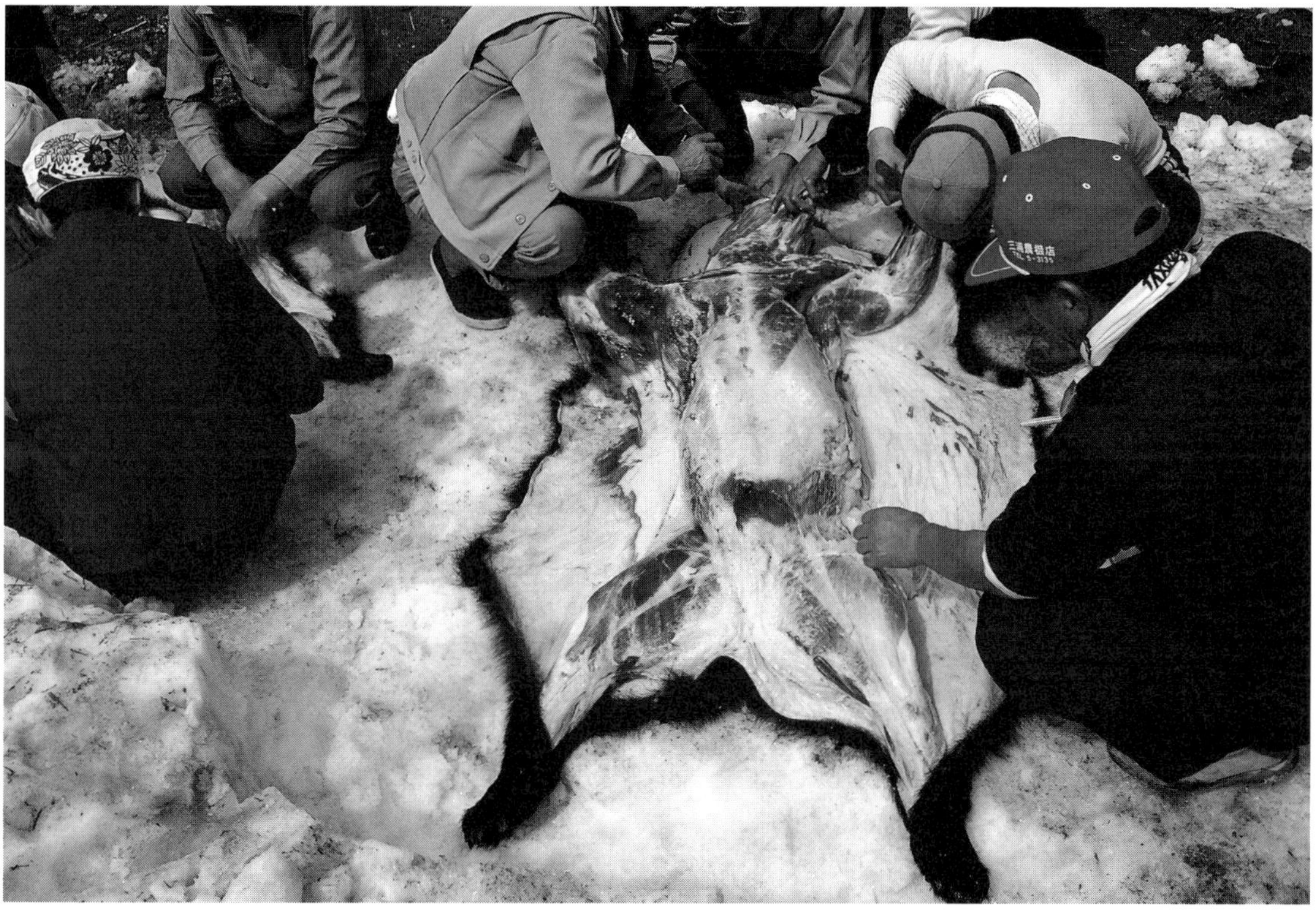

毛皮を傷つけないように、すばやく、はいでいく。

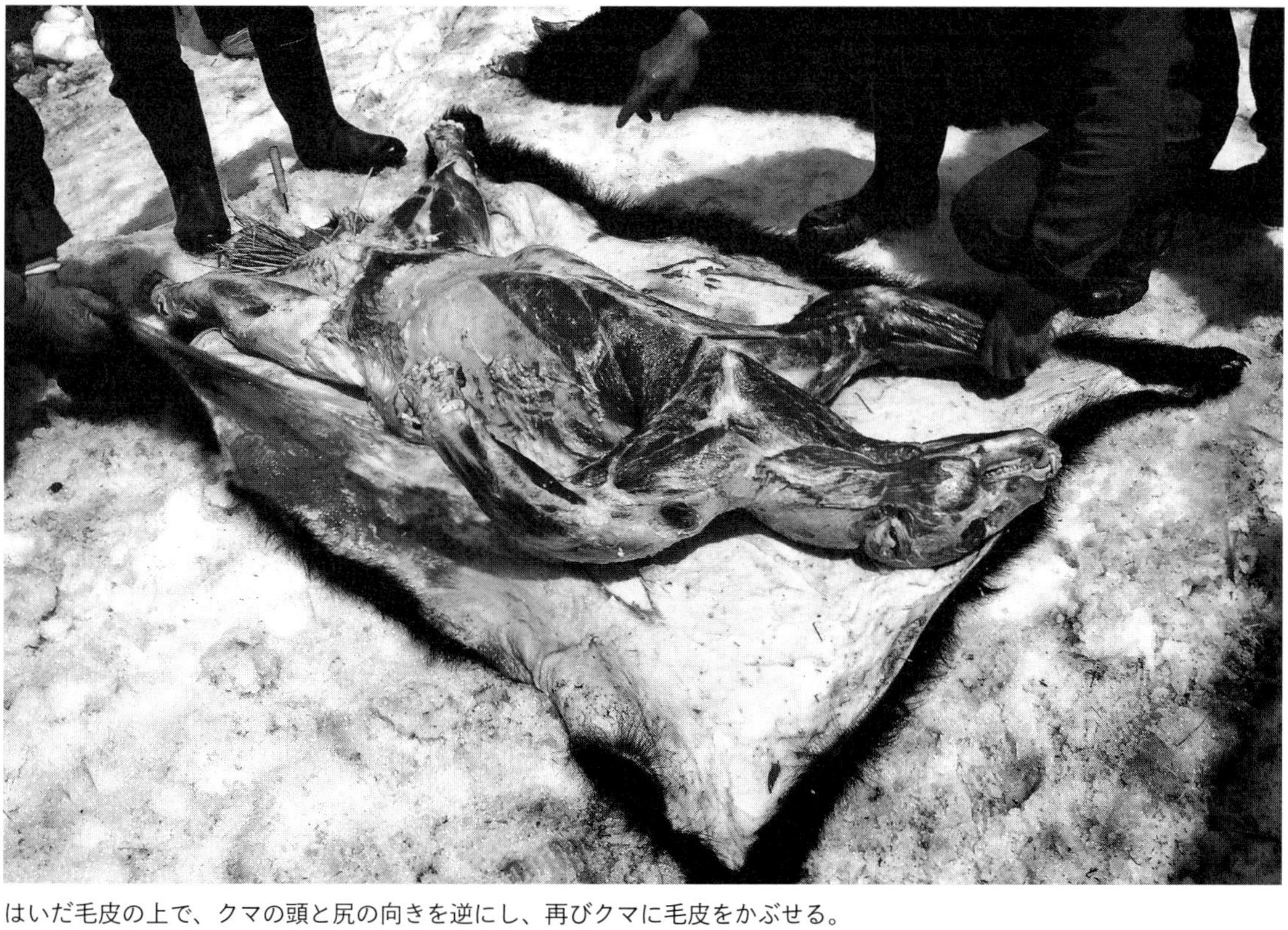

はいだ毛皮の上で、クマの頭と尻の向きを逆にし、再びクマに毛皮をかぶせる。

クマに引導を渡す佐藤五郎圓さん。クマの頭は西向き。左手でクマの足を持ち、右手のマキリで毛皮の上をなで、呪文を唱える。呪文の内容は「言えない」という。「アビラウンケンソワカと言ったか」と尋ねると、「そうだ」と、それだけ答えてくれた。

クマに引導を渡す金子長吉さん。

雑食性のため、植物をすりつぶせるように臼歯が並ぶ。大きな犬歯は、いろいろなものをかじるのに役立つ。

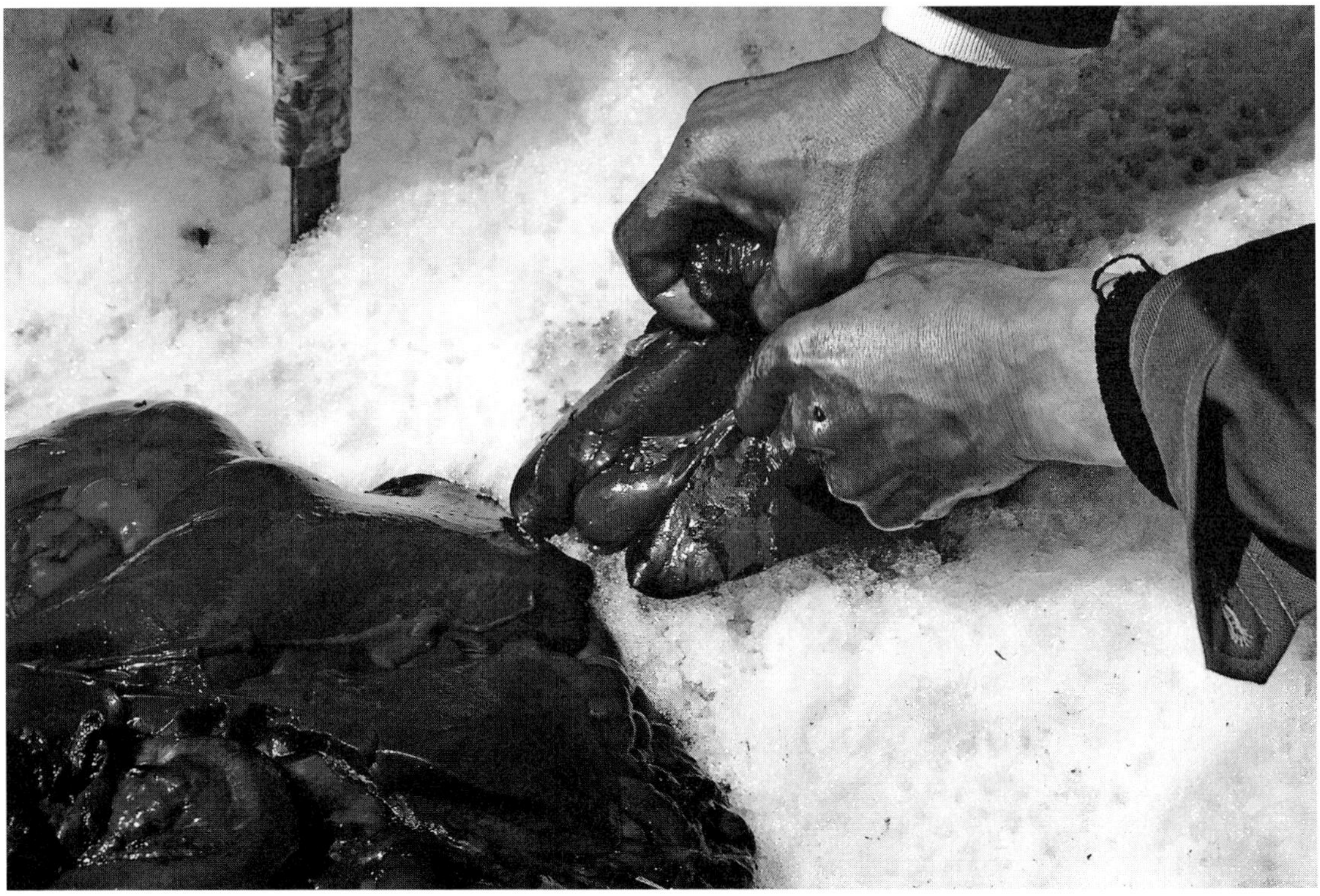

クマの胆を取り出す。万病に効くと言われる高価な薬になる。

肉を分ける。

肉はオノで骨ごと斬り砕く。ナガセ汁に入れ、残さず食べる。

金子家の脇の沢水で大腸を切り裂いて洗う。豆をマキリの先端に刺し、大腸が破れないように割いていく。キノコの保存（漬けキノコ）もこの沢水で行なう。

←はがした毛皮。このあたりでは中くらいのクマだった。

毛皮は腐らないように塩をたっぷりとこすりつけ、なめすまで一時保存する。敷物や壁飾り、剝製になった。

クマの体から出てきた鉛弾。

マタギ分け。獲物の肉は手柄に関係なく均等に分ける。

↑村の古老たちと、出迎える金子さんたち。熊祭りに招かれた人々は正装し、祝いの品を持参した。かつてクマの肉は、米が十分に穫れない山里の人々にとって貴重な糧だった。病弱な人にはクマの血が分け与えられた。

熊祭り

ケボカイの後、熊祭りを行なう。山の神からの授かり物に感謝する熊祭りには、五十戸ほどの百宅集落の各戸から正装した客が訪れた。クマの心臓などを取り出し、串に挟んで焼いたものを「モチ串」と言い、金子家に伝わる山の神の掛け軸に、モチ串と酒をお供えする。

おふるまいでは、仕留めたクマを背骨ごと手斧でブツ切りにして、味噌を入れて大鍋で煮込んだ「ナガセ汁」に、山菜なども添えられ、酒とともに振る舞われる。肉は手でつかんで食べる。古老の話では、昔は宴が二日続いたこともあったという。

クマが獲れることは集落にとって大きな喜び。老若男女が集まってくる。

村のお婆ちゃんと孫も笑顔だ。

クマの肉を骨ごと煮込み、ナガセ汁を作る。最高のマタギ料理と言われている。

心臓などを取り出し、肉片を焼いたものを「モチ串」と言い、山の神に供える。

腸をダイコン、ゴボウなどと一緒に味噌で煮る。

ヤマワサビとホンナ（手前の束)。ヤマワサビは熱湯をかけ、お湯を捨て、塩味をつけると、「ワサビ漬け」という酒の肴になる。辛くてうまい。ホンナはヨブスマソウの方言名で、おひたしなどにする。

おふるまいの膳にはナガセ汁（骨付きの肉)、腸と野菜の煮込み、山菜などが出される。

金子家に代々伝わる山の神の掛け軸２幅。オノや山犬が描かれている。

御神酒とモチ串。山の神へのお供え。

山の神からの授かり物に感謝して祈る。2礼2拍手1礼。

おふるまいには集落中の人が集まり、クマの肉を食べ、酒を酌み交わす。このような風習は百宅にだけ残っていた。

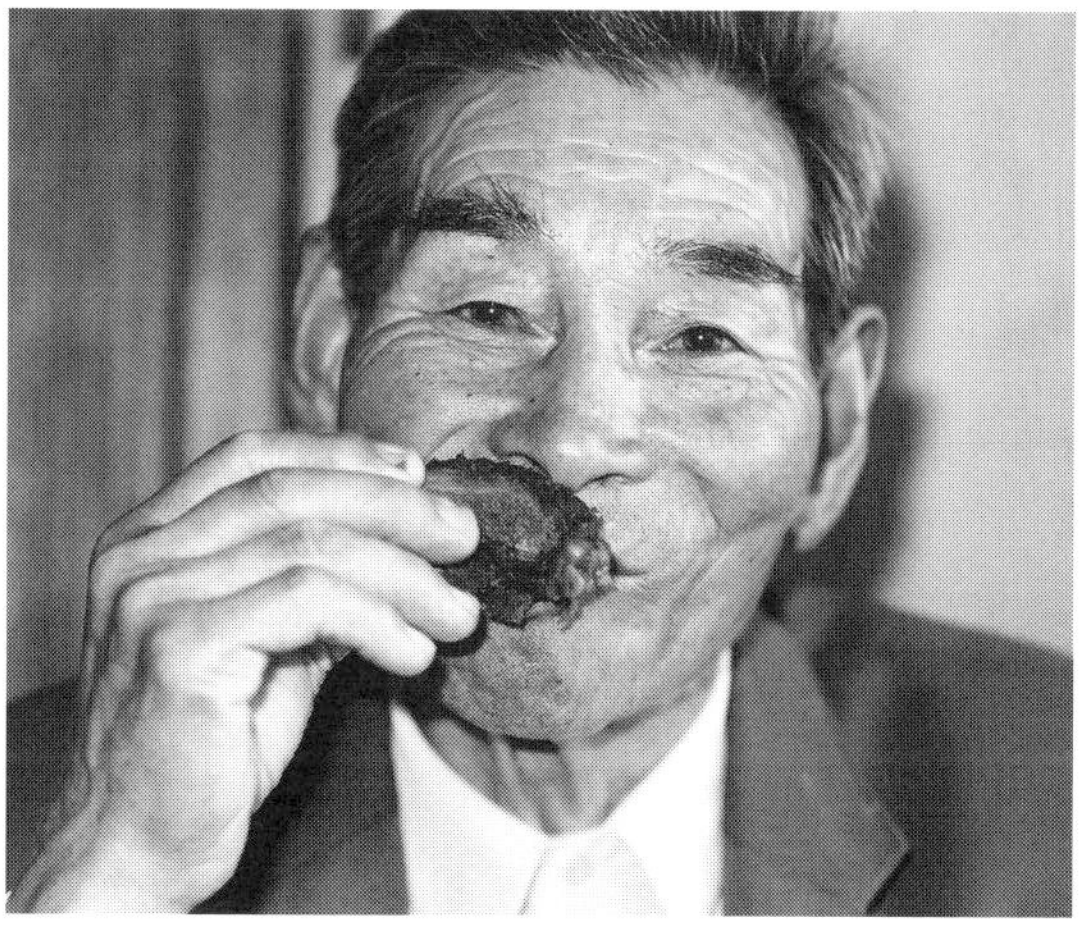

骨つきの肉は手でつかんで
食べる。箸は使わない。

客人たちと肩を組む金子さん。クマを獲って上機嫌だ。

招かれた集落の古老の一人が、宴席を離れて金子さんのお婆ちゃんと話し込んでいる。金子さんの父親がシカリ（頭領）だった頃の話に花が咲く。

山の幸と保存食

犬とともに沢を歩いてキノコ採りに出かける金子長吉さん。シシタケ（コウタケ）、マイタケなど、いろいろ採れた。

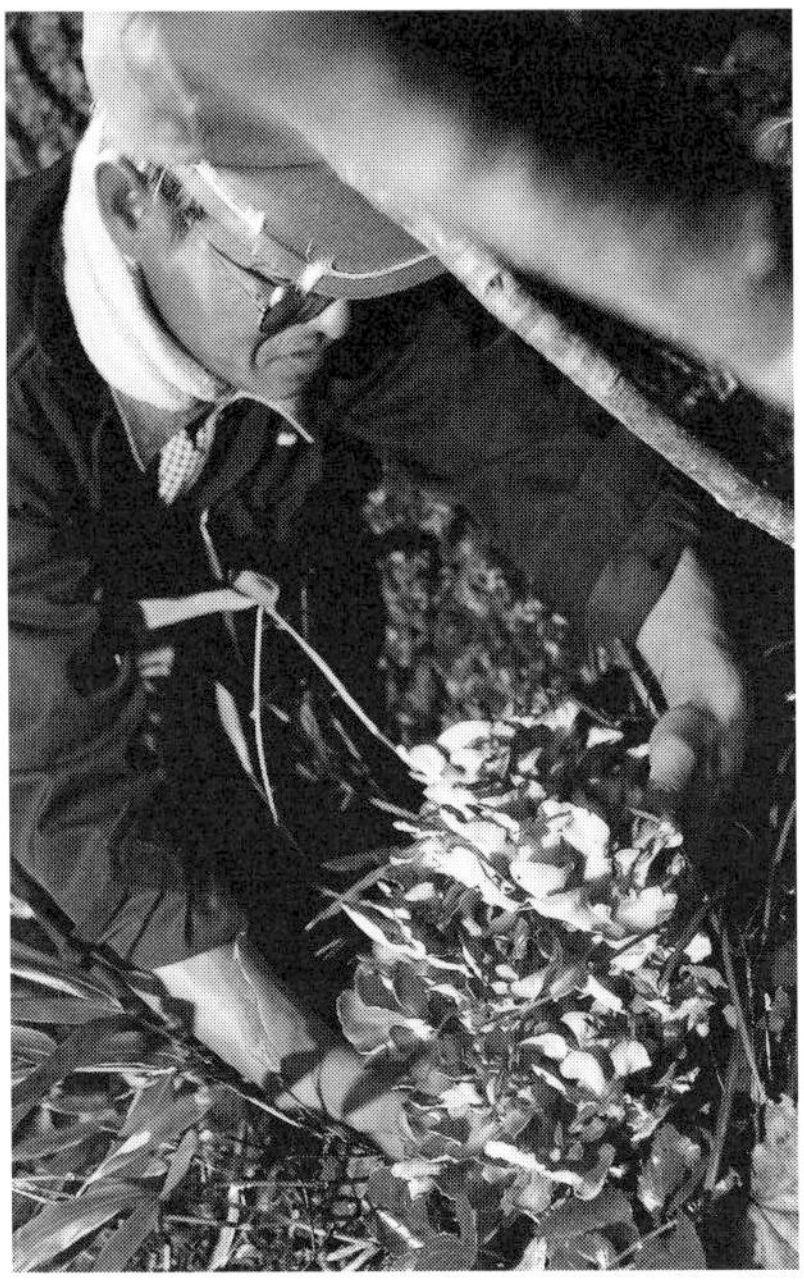

マイタケを採る金子さん。

ミズナラの大木の幹にニホンミツバチの巣穴があり、周囲にクマの爪痕が残っていた。

百宅の山ではマイタケ、コウタケなど、さまざまなキノコが採れる。毎年キノコが生える場所は決まっていて、マタギたちはその時期と場所を熟知していた。

秋晴れの日、金子さんの案内でマイタケ採りに行ったときも、立派なマイタケを採って見せてくれた。途中、ミズナラの大木の根元に小指ぐらいの穴があり、周囲がクマの爪でガリガリと掻きむしられていた。ニホンミツバチが出入りし、中に巣を作っているらしい。クマは小さな穴から漂う大好物の蜂蜜の甘い匂いに、気が狂ったように樹皮を掻きむしったが、いくら頑張っても蜂蜜は採れなかったのだ。

金子さんの家で、マタギのキノコ保存法を教わった。家の中まで沢水が引いてあり、「ミンジャ」（方言で炊事などをする場所の意）という。その流れの上に丸太を渡し、上に樽を置き、秋に採れたキノコを翌年まで保存する。沢水の一定した温度がキノコの鮮度を保つのだ。このキノコをごちそうになったが、塩蔵のものとは違う味でおいしかった。

←凍みダイコン。冬が長く厳しい百宅では、冬期の貴重な食材の一つだった。

漬けキノコ。沢水の低水温を利用して、秋に採れたキノコを初夏の頃まで保存する。塩はいっさい使っていない。金子家で撮影。

↑イワナ釣り。気配を消す「岩化け」はクマ狩りも同じ。沢が増水して笹濁りだとよく釣れる。

→キハダの皮を採る。皮をはぐと黄色く、舐めると苦い。乾燥させると胃腸薬になる。

金子家のマタギ道具

金子家に伝わるタテを持つ佐藤五郎圓さん。

→狩りに持ち歩く道具。ライフル、弾帯、シナリ、懐中電灯、狩猟許可証、双眼鏡、ナタなど。

火棚でカンジキの材を乾燥する。

カンジキ。足を結わえる紐がワラ縄の場合、雪崩に遭ったときに外れるように縄を粗くなうものとされていた。

←４本爪の金カンジキ。登山用のアイゼンに比べて非常にコンパクトでシンプルな構造だが滑らない。

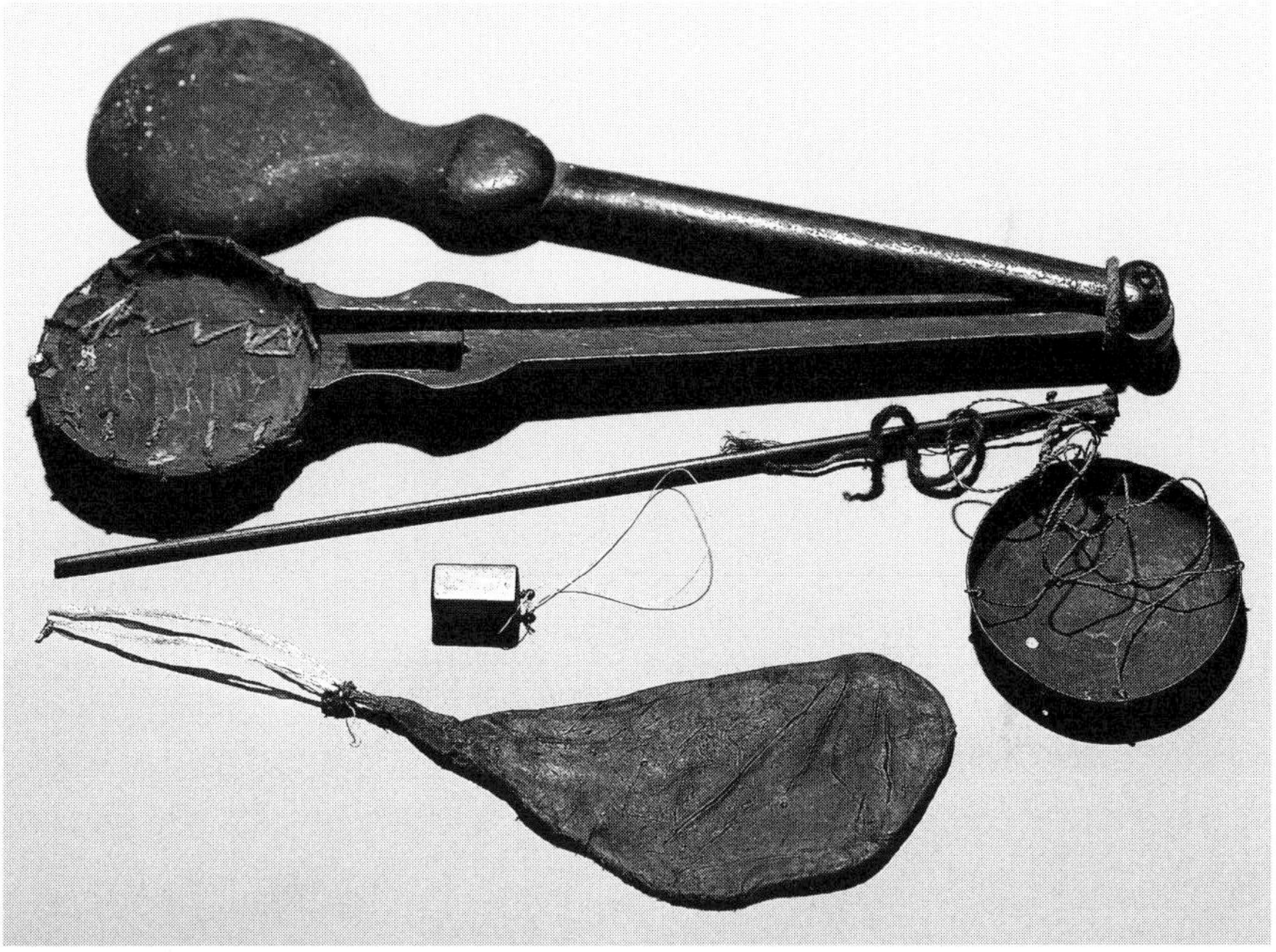

→クマの胆と天秤計。胆は金と同じ値段で取引された。

クマの胆は板で挟んで紐で縛り、形を整えた後、クマの脂を塗って火棚に吊るして乾燥させ、繰り返し手で揉む。

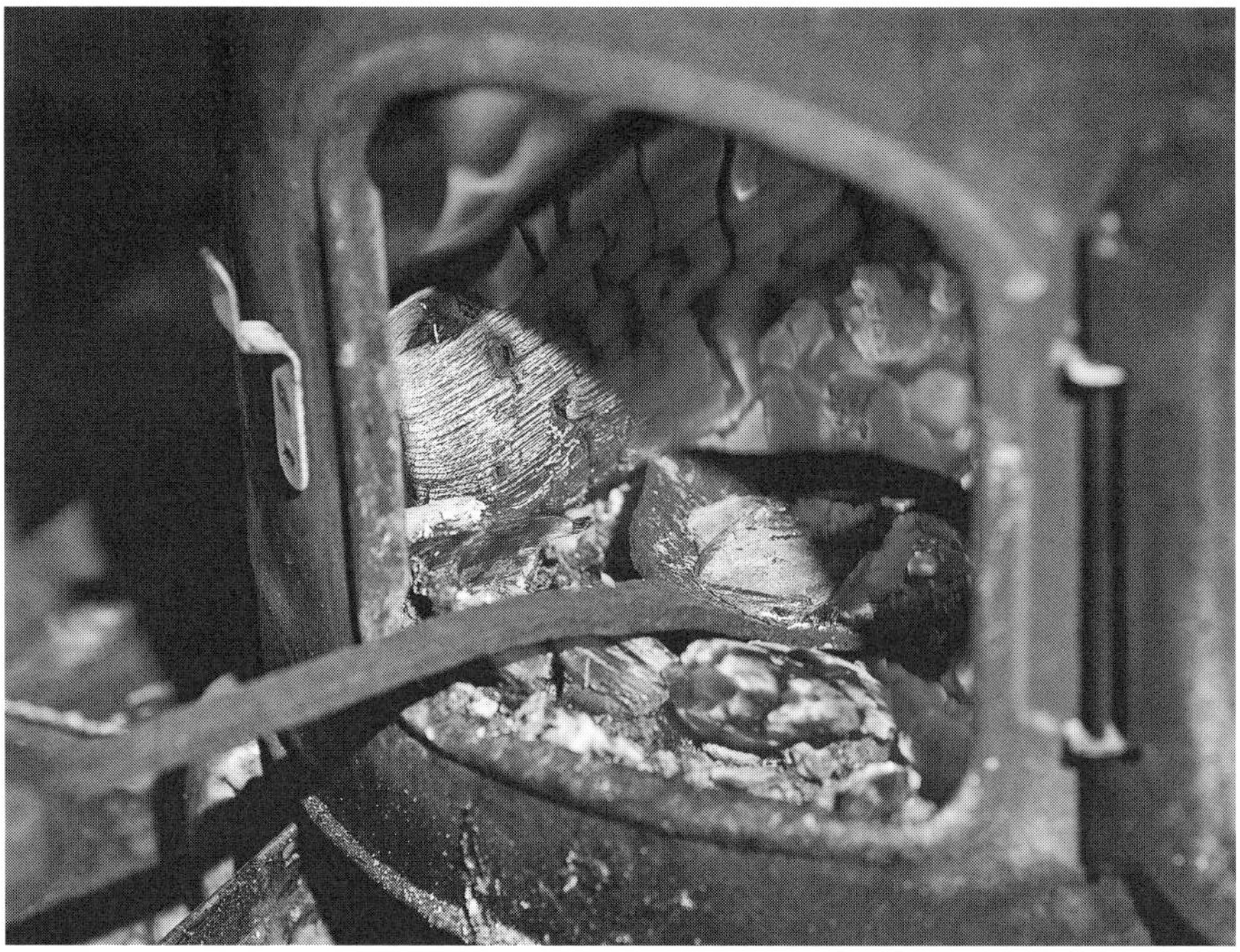

薪ストーブで鉛を熔かす。

村田銃の弾作り

熔かした鉛を型に流し込む。

成型され冷めて鈍く光る鉛弾。

型の中で固まった鉛。

↑村田銃の弾作りの道具。上は鉛を熔かす匙、下は左から火薬の量を計る道具、鉛弾の型、雷管と火薬と鉛弾を薬莢に詰める道具、薬莢。

←村田銃の機関部。

山の神祭り

山の神を祀る「山神社」の石碑。百宅のほか、隣村の笹子など各地のマタギ集落にあった。

→山の神神社の内部。小さな祠で、1～2人も入ったら一杯になる。

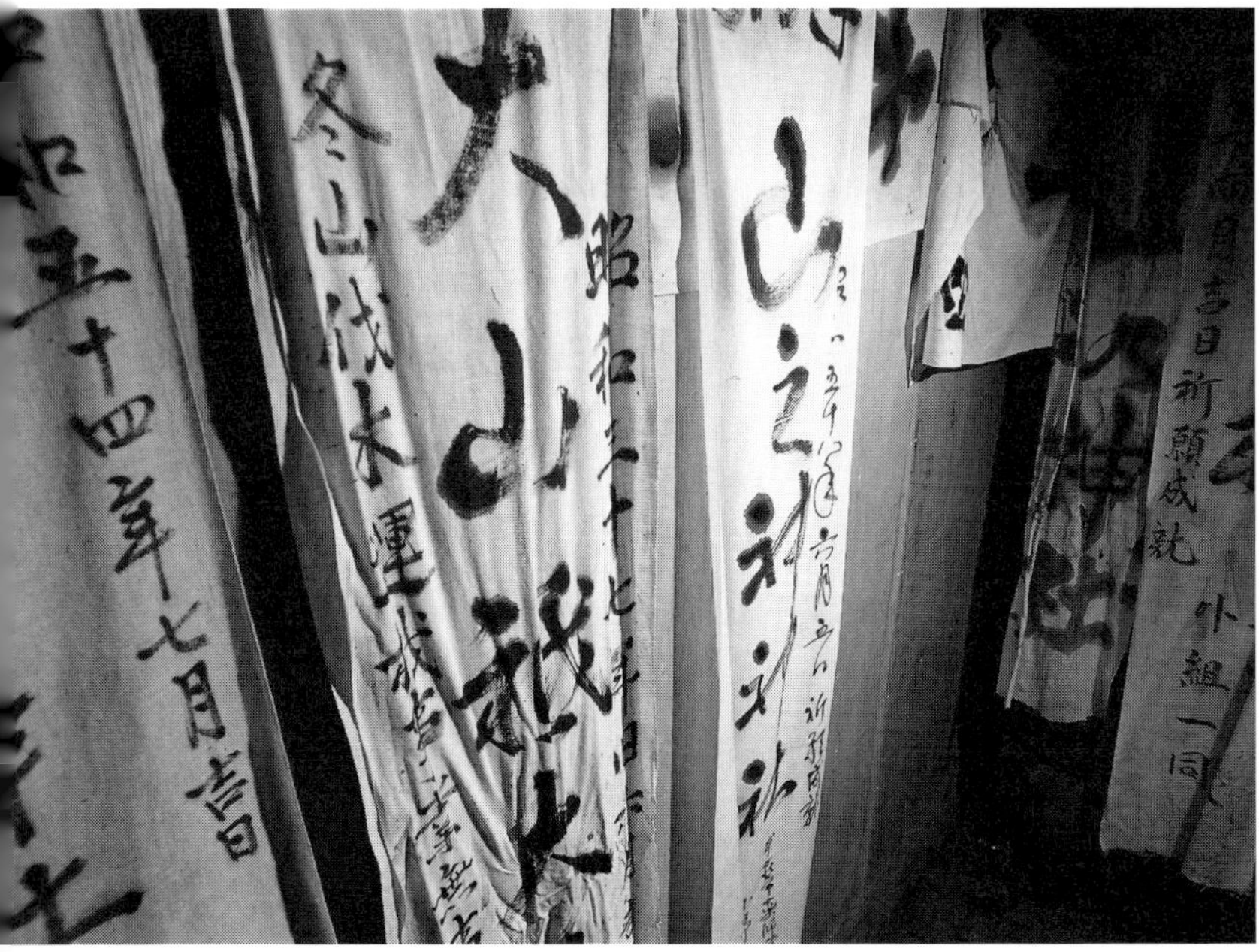

山の神神社の内部。奉納された幟の一つには「大山祇《おおやまつみ》大神」「冬山伐木運材事業」とある。

山の神は十二という数字と関係が深く、山の神を「十二山神様」「十二様」と言う地域もある。山の神の年とりの日である十二月十二日に山の神祭りを行なう。祭壇には山の神の掛け軸を祀り、マタギの御守り、御神酒、餅、焼いたハタハタを供える。昭和六十一年十二月、百宅マタギの古老・梶原仁広さんが再現に協力してくれた。百宅マタギには鳥海修験の影響が色濃くあり、御守りは江戸時代の九重守《ここのえまもり》の一種とみられている。

山の神神社の御神体。山の神は醜女という説もあるが、この像はきれいな顔立ちをしている。

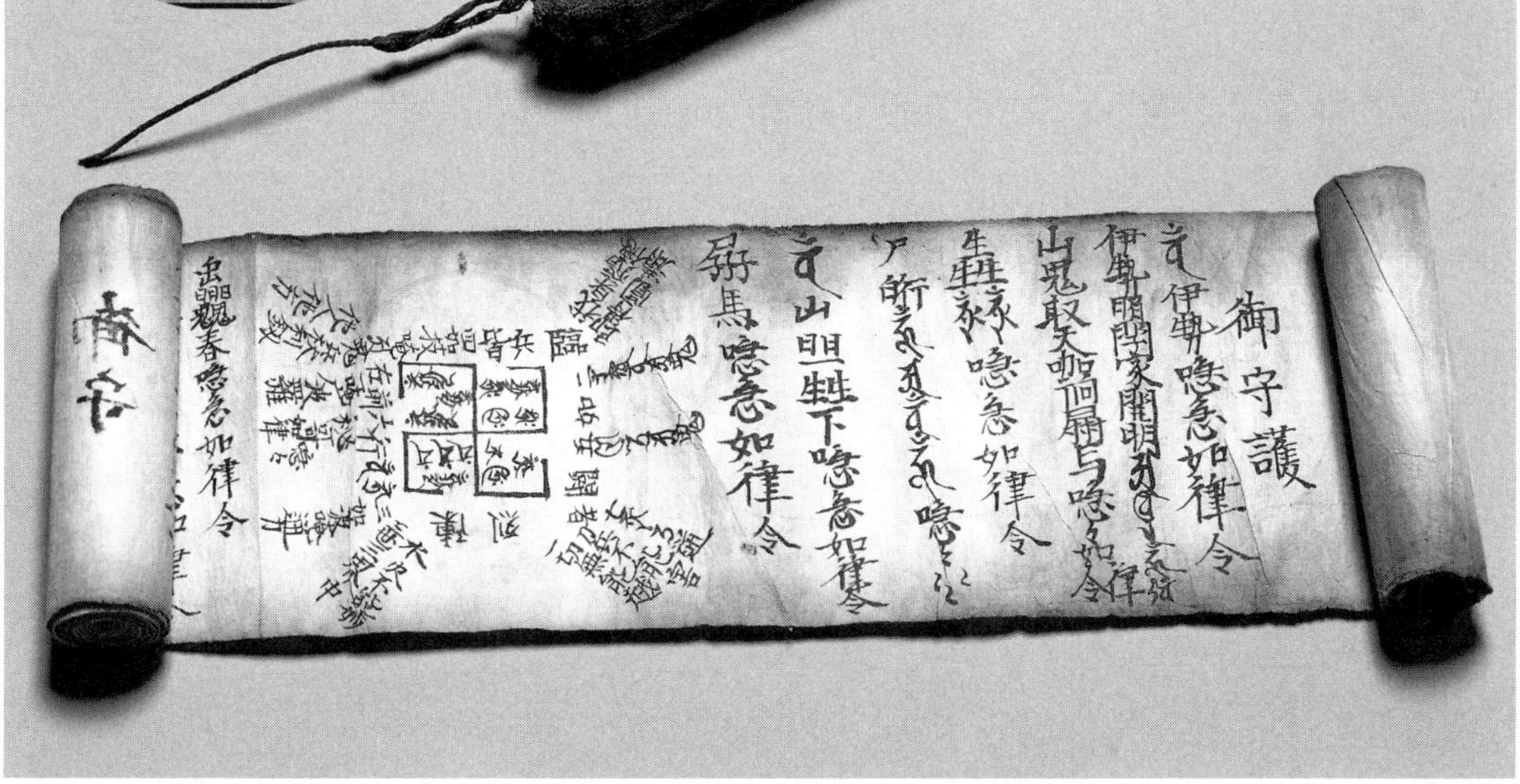

マタギの御守りと巻物入れ。代々マタギだった梶原仁広さんの家に伝わるもの。仏壇にあった。山に入るとき持ち歩いたと思われる。「山立根本之巻」とは別のもの。

百宅の山の神祭りの祭壇。山の神の掛け軸を祀り、マタギの御守り、御神酒、餅、焼いたハタハタを供える。

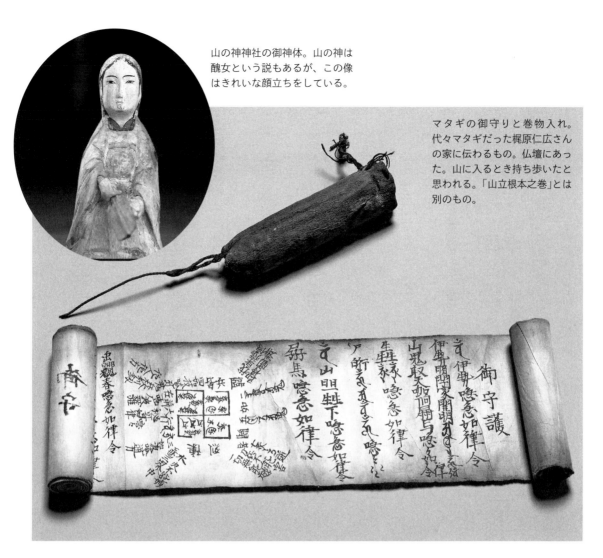

山の神を拝む。左が古老の
梶原仁広さん、中央がシカ
リの金子長吉さん。

←山の神祭りの直会《なおらい》。左端が
梶原さん、右から２人目が金
子さん。他は近所の人たち。祭
壇の掛け軸に手を合わせた後、
御神酒と食べ物をいただき、
山の神に感謝する。

焼いたハタハタを箸
で分ける。

←お供えの魚は箸を使わず、手でつかんで掌に渡すのが作法。

ワラット(藁苞)。山の神祭りの手みやげ。祭りの帰りしなに、お供え物の餅、ハタハタのほか、ミカン、魚の煮物など、ワラに包んで各家に持ち帰った。

供物の残りを手みやげとしてワラットに入れて持ち帰る。再現に協力してくれた梶原さん。

隣村・笹子《じねご》の山の神祭り

↑山の神神社。12月12日、まず神社に行って２礼２拍手１礼。

村の若者一同による鳥居１基の奉納を記した板。右の板には大山祇神社とある。

百宅の隣にある笹子集落では、まだ山の神祭りが行なわれていた。私が訪れたのは昭和六十二〜六十三年頃の二回と記憶している。再現ではなく、すべて本物である。

ウサギの糞（スカ）を食べる風習があるのかと問うと、さっき食べた残りがあるという。味噌味で、タカナ、ダイコン、ゴボウなどが入っていて、おいしかった。ウサギの未消化の糞が詰まった腸を取り出し、両端を結んで煮る。途中、竹串であちこちをつつく。消化が進んだ丸い糞は食べない。かつて太田雄治さんは、ウサギの糞を食べる現場に遭遇したことを興奮して話してくれた。著書の『消えゆく山人の記録　マタギ』にも詳しく記されている。

その後、里マタギのウサギ狩り取材時に、聞いたレシピどおりに作ってみたが、臭くて食べるまで行かなかった。植林地のスギの芽を食べたウサギのスカは味がよくないという。

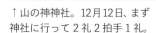

山の神神社の御神体。

村の中にある山の神の石碑に酒とワラットを供えて拝む女性たち。

神社の中で車座になり、御神酒をいただいて、手拍子をとりながら歌う。

御神体を村へ持ち出す。

↓木製の剣と御神体を大事に運ぶ。

御神体に続く一行。酒、ワラット、お供えの料理を持って移動する。直会所となる民家まで一列に歩く。

祭壇には山の神の掛け軸と神像、木製の剣と斧、御神酒。その両脇に燭台。もち米の餅とシトギ餅（生米を搗き砕いて作る白餅）を供える。大きな餅の上にはお金を載せる。ワラットに白餅を入れる。

↑山の神にお供えするワラットに包んだシトギ餅。

→笹子の山の神像。木製の剣と斧も一緒に祀られている。

御神体をお迎えし、直会が始まる。

ウサギのスカ（腸に詰まっている未消化の糞）を味噌で煮て食べる。おいしかったので自分でも作ってみたら、臭くて食べられなかった。

山ウサギのブツ切りの味噌煮込み。頭骨も食べる。これも山の神祭りの料理で、おいしい。

里マタギ

——伝統的ウサギ猟

■仙北市角館町西長野

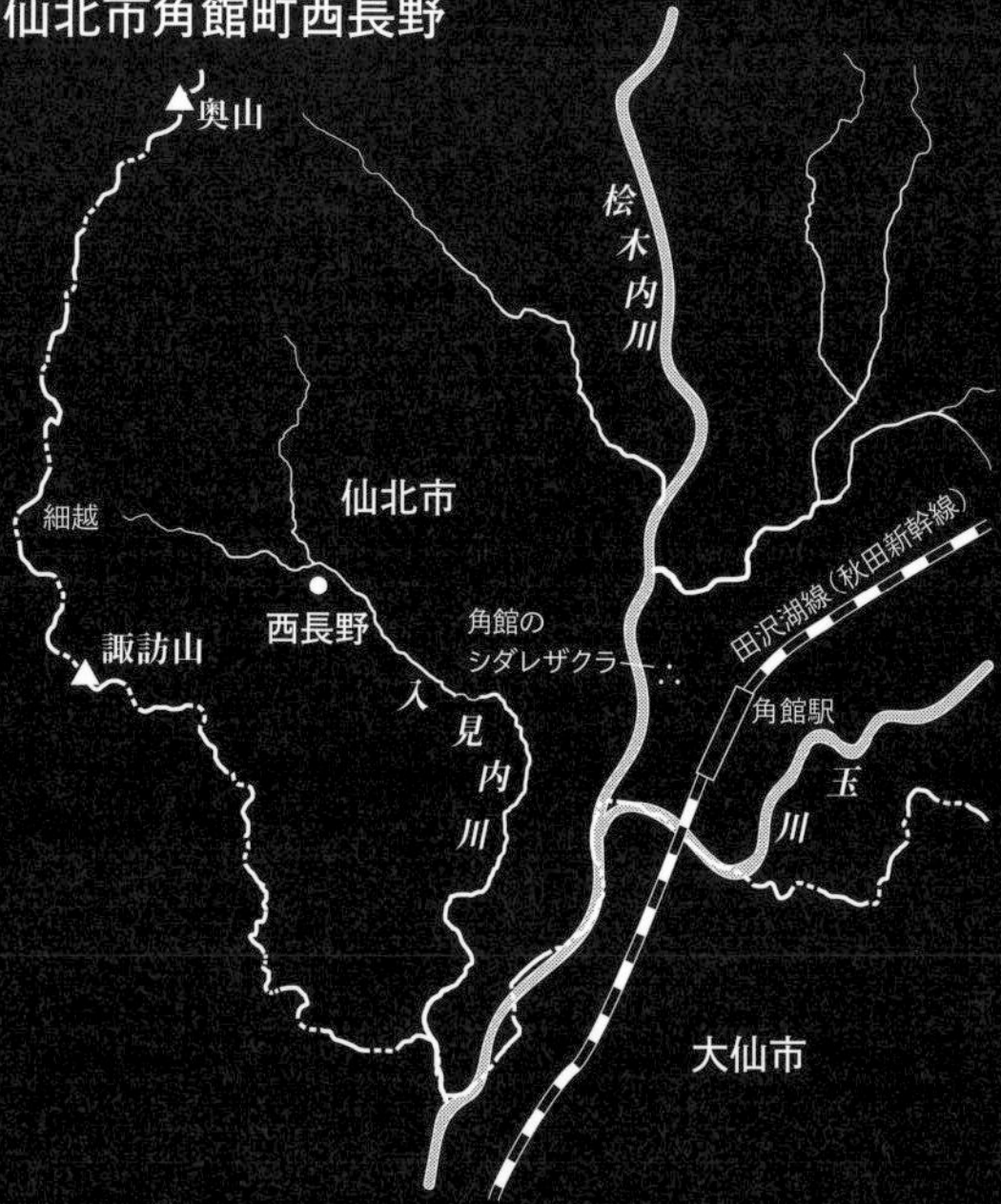

「マタギ」は東日本の伝統的な狩りと狩人を指す言葉で、奥山の集団的クマ猟だけがマタギではない。かつて、厳冬期の里山ではウサギ猟が盛んに行なわれ、町の魚屋の軒先でも冬の貴重な蛋白源として、普通にウサギが吊り下げて売られていた。

狩り場に向かう列。

巻狩り

ウサギの巻狩り。この日は９人。

私の実家がある角館町西長野で平成初頭の二月頃に撮影。ウサギの銃猟には、一人マタギと、集団で行なう巻狩りがあった。マタギはウサギの足跡を追うだけでなく、一面の白い雪の中に潜むウサギの黒い耳先や目を見逃さなかった。

里マタギは、ウサギ、カモ、ヤマドリ、テンなどを獲る。昔、彼らが山から帰ると、雪道で遊んでいた子どもたちが集まってきて、背中の網袋に入っている獲物をガヤガヤ言いながら見ていた。近所には鉄砲をいっさい使わず、ウッチオ（オソ）で獲るベテランもいた。ウッチオとは、木で組んだ箱状の罠で、上に重石を積み、獣道へ仕掛ける。中を通ると上から重石が落ち、圧死する。

町の提灯屋では、竹ヒゴに糊をつけて和紙を貼るときに、ウサギの手を乾燥したものを使っていた。爪を切った掌で貼るのだが、これが一番よいと言っていた。タヌキの皮は鍛冶屋がフイゴの蛇腹に使っていた。サルの毛皮は、身に着けると婦人病にならず、縁起がよいとされ、冬には、おふくろが赤い裏地をつけて背中に着ていたし、姉もサルの毛皮とテンの

ブッパと勢子に分かれ、
ウサギを巻く。

深雪の林の中へ。

襟巻きを自慢げにつけていた。魚屋には、ウサギやカモが吊るして売られていたが、動物愛護団体の批判を受けて売られなくなった。里マタギが少なくなり、小動物が増えていると聞く。特にテン、イタチ、タヌキを獲るマタギは皆無だ。

雪の深さが腰まである。

山の上からも巻く。

深雪をこぐ。背にはリュックサックとウサギと散弾銃。

ウサギ猟の名手、伊藤巌雄さん。

昼飯。体が冷えるので焚き火をする。

網袋に入れられた山ウサギ。

この日は３羽の収獲があった。

獲物を吊るして解体する。

ウサギ鍋を囲んで酒盛り。

私の先祖もマタギだった

私の先祖も江戸時代にマタギをした形跡がある。角館町西長野野田の実家は、もともとは農家で規模も小さいが、地主と実家の過去帳によれば元禄の年号がある。中学生の頃の記憶では玄関の柱にカモシカの毛皮が吊るしてあり、火縄銃も二丁持っていて、親父から火縄銃の弾と火薬の詰め方を聞いた記憶がある。村田銃も十三年式と二十二年式があり、二十二年式で離れたモミの木に止まっているイヌワシを撃ったと聞いた。

フクロナガサも家にあった。通常はナガサ（山刀）として使うが、把手の部分が筒状になっており、いざと言うときは木の柄をさし込んでタテ(槍)にする。紫檀の箱に入った天秤計は、小さい物だが、クマの胆を計るのに使われたと思う。

あるとき、小正月に実家に寄ったら、おふくろがレジ袋に何かを入れていた。中を見ると古い布の袋があり、開けてみると百宅マタギの御守りとよく似た物だった。おふくろは小正月だから神棚の古い物を焼くつもりだった。このあたりにも左義長の流れがあり、小正月に神棚の物、正月飾りなどを焼く風習が残っている（その変化したのが角館町の「火振りかまくら」）。一足遅ければ焼かれていた。自宅に持ち帰り、よく見たら貴重なマタギ資料だった。真言密教の御守りと思われる物で、サンスクリットの文字に重ねた人間の顔や、麦の穂のような絵、北斗七星などが描かれ、元禄十六年の年号もある。

昭和６年頃。右端が私の父、左から２人目が下男に抱かれる姉。父は猟犬を連れ、ベルギー製の２連銃を持つ。この銃は戦争で供出させられたが、町の有力者の手に渡っていた。

ヒクグシ猟

細い針金一本で直径十五cmくらいの輪（ヒクグシ）を作り、細い木の枝に結わえて、ウサギの通り道に仕掛ける猟。ウサギが頭を突っ込むと締まるようになっている。百宅ではヒコグシと言う。ウサギの足跡などを基準に仕掛けるが、ウサギも敏感で、ヒクグシに人間の手の脂がついているだけでわかるという。伊藤巖雄さんは、ヒクグシの獲物をよくキツネに横取りされた、と言っていた。アイヌにも、これに近いウサギ狩りの方法がある。

↑伊藤巖雄さん。照準を覗かなくても当てられる名手。胸にはヒクグシの束が見える。

←ヒクグシ猟は単独猟である。

腰まである深雪を一人歩く。

地形を読んで沢を渡る。

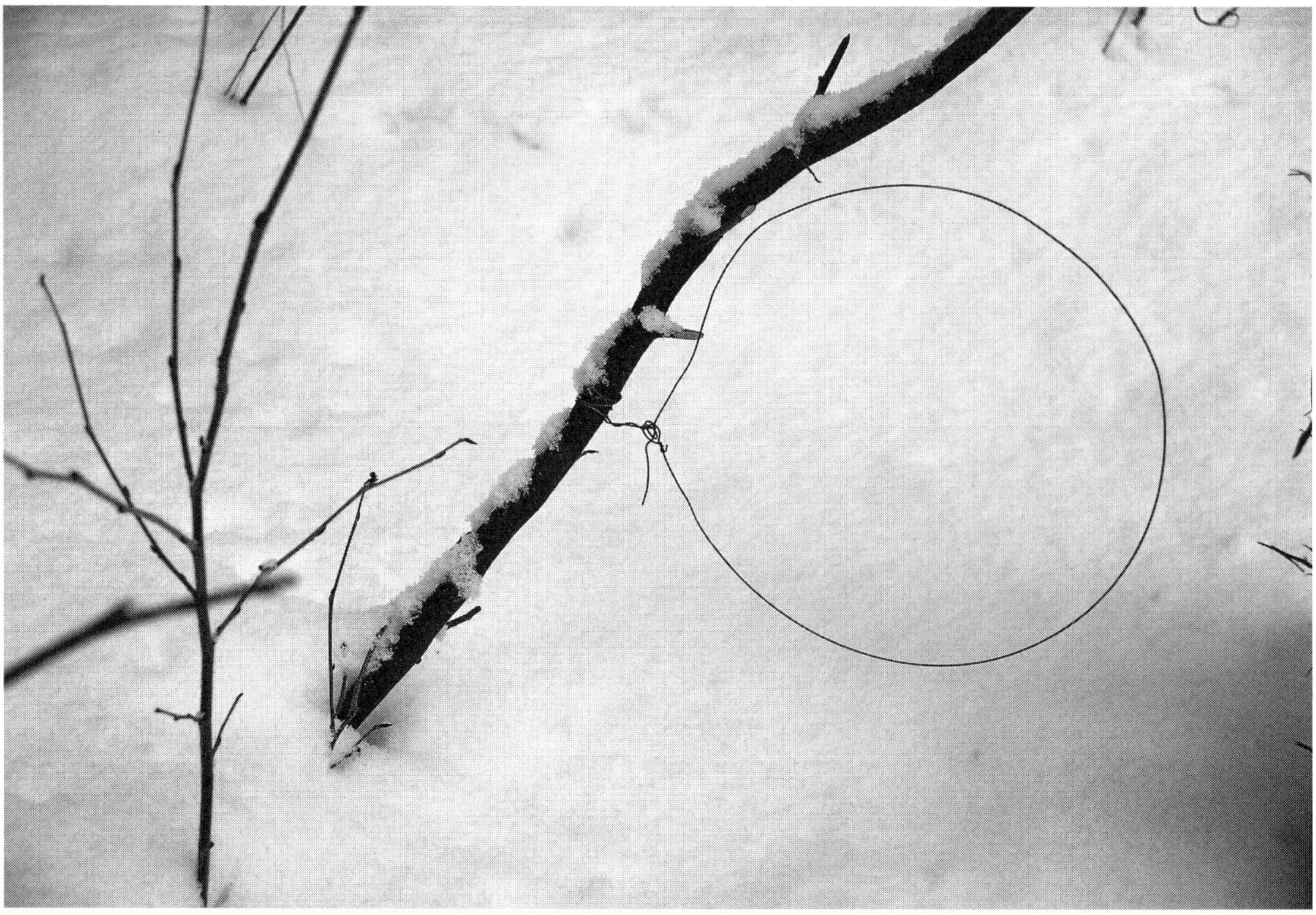

ヒクグシ(細い針金で作るウサギ罠)。

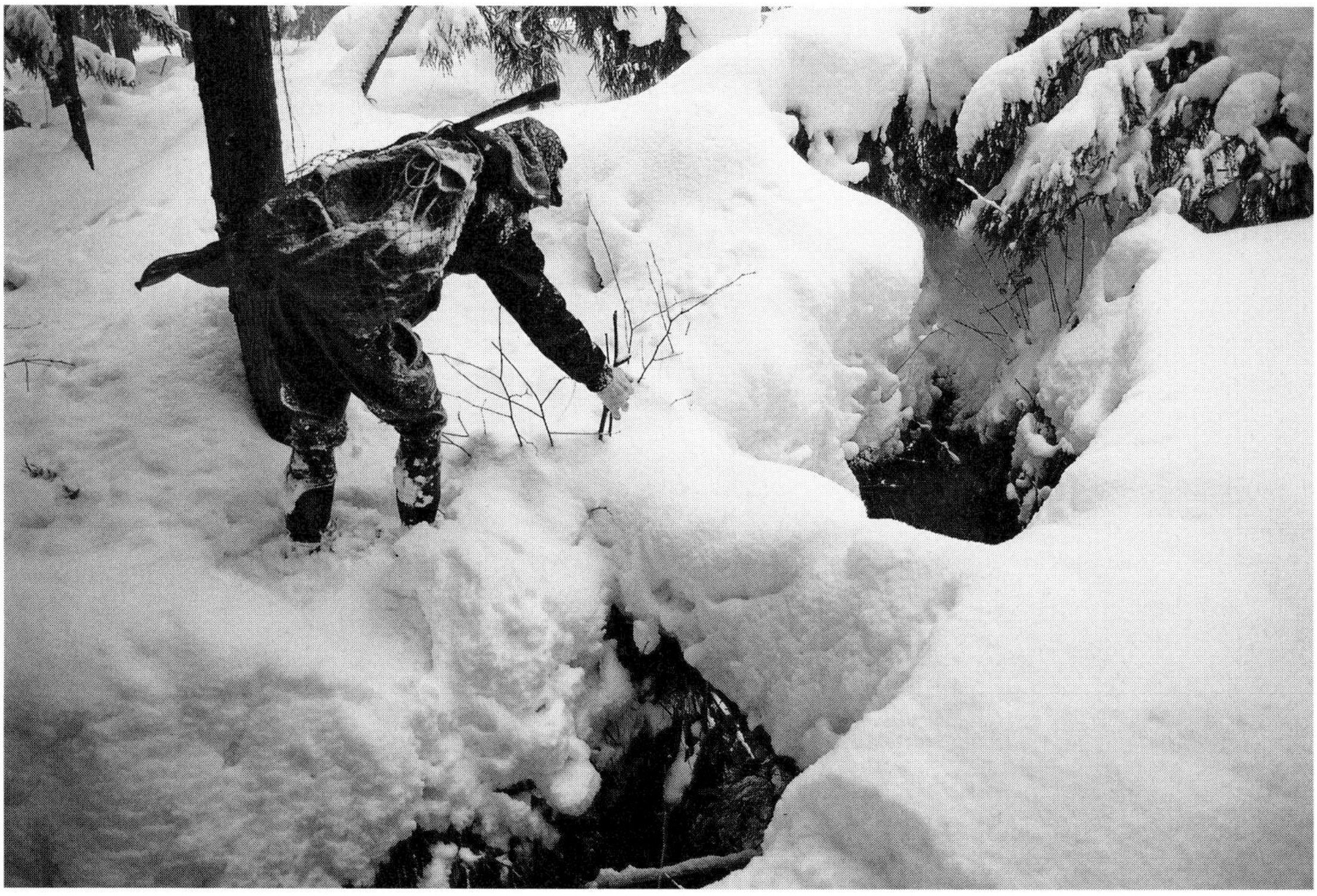

ヒクグシをウサギの通り道に仕掛ける。

鷹匠

——クマタカによるウサギ猟

■雄勝郡羽後町上仙道

鷹匠も各地の集落にいた。クマタカの羽は最高級の矢羽として御上に献上されたため、出羽国の地名の由来と言われている。県南部・羽後町の武田宇市郎さん（大正四年生まれ）は、クマタカによる伝統の狩猟技術を継承した最後の農民鷹匠となった。

鷹狩り

自宅前の雪かきをする武田さん。

愛鷹「高槻号」について語る武田宇市郎さん。

秋田県羽後町仙道の冬。

秋田・山形をかつては出羽国と言った。鷹の羽を多く産出したことに由来するという説がある。鷹の羽は御上に献上され、弓矢の矢羽に使われた。クマタカの羽は高価で、特に尾羽は最高級矢羽として取り扱われてきた。

鷹狩りは、古くは日本書記に記され、江戸時代に角館の佐竹北家当主が書いた「佐竹北家日記」には、鷹使いが殿様の鷹を管理し、鷹狩りにも同行したとある。主にオオタカが使われ、獲物はヤマドリ、カモ、ウズラ、ハクチョウなど鳥類が多かった。日記には鷹狩りや鷹使いの言葉はあるが、鷹匠の言葉は出てこない。

秋田県羽後町上仙道桧山にはクマタカを使った伝統狩猟があった。貴族や大名などの鷹狩りと違い、生活の糧を得るための農民鷹匠である。武田宇市郎さん（大正四年生まれ）が、田畑を耕しながら、その伝統を守り続けていた。体重三kgほど、翼を広げると一・五mほどのクマタカを使い、主にウサギを狙ったが、タヌキやテン、キツネなどを獲るときもあった。特にウサギは冬の蛋白源として土地の人々に求められてきた。

昭和五十年代、最後の農民鷹匠となった武田さんを訪ねて、取材を重ねた。

◉道具と技

猟のときはカケ（鷹を乗せる大きい手袋）をはめる。外はラシャかコールテン、中は真綿や脱脂綿が入っていて、鷹の爪が食い込んでもよい作りになっている。形はミト

左腕に高槻号を乗せ、狩り場に向かう。

深雪の中を歩く。

ンに近く、手の親指と他の指で鷹の足に結んだ紐を握る。猟に四、五回同行したが、左手に鷹を乗せ、右手にコナギャを持ち、揺れずに一直線に歩く。他のマタギにはない歩き方で、この歩き方が一番疲れないという。なるほど左手に三kgの鷹を乗せており、体重移動に余分なエネルギーは使えない。武田さんは、ゆっくりだが休みもせず、坦々と歩く。「鷹は上下左右に揺れすぎると車に酔ったようになる」とも言っていた。

ワセ（表層雪崩）のときは、山の斜面に向かってコナギャを刺すと、そこから左右に雪崩が分かれて行く。カンジキの材料にはトリキシバ（クロモジ）を使う。雪崩で足が埋もれたときに、思い切り踏みつけると折れて脱出できる。

武田さんは見通しのきく小高い場所に登り、ウサギが現われるのを待つ（時には勢子が追い上げる獲物を狙う）。鷹が獲物を見つけ、体をキュッと引き締めたら、前に押し出して紐を手離す。飛び立った鷹は、翼をすぼめて急降下し、獲物に飛びつく。鋭い爪で、一撃でつかみ殺し、翼で覆い隠す。飢餓状態の鷹は体力を使い果たしており、武田さんはすぐに駆けつける。鷹の爪が急所を外れてウサギが生きているときは、鷹の足を握り、親指の爪を心臓に突き刺す。鷹の両足を握り締めて、自分の胸に近づけると、鷹は獲物を離す。ウサギの前足一本を山刀で切り落とし、ごほうびとして与える。

見通しのきく場所で待つ。

高槻号。クマタカ。昭和58年7月に死んだ。

鷹を見つめる武田さん。わずかな変化も見逃さない。

鷹匠の手の上で羽ばたく。

晴れた日、高槻号、弟子の土田一さん、彼の鷹「高森号」と山に入る。

昼食。

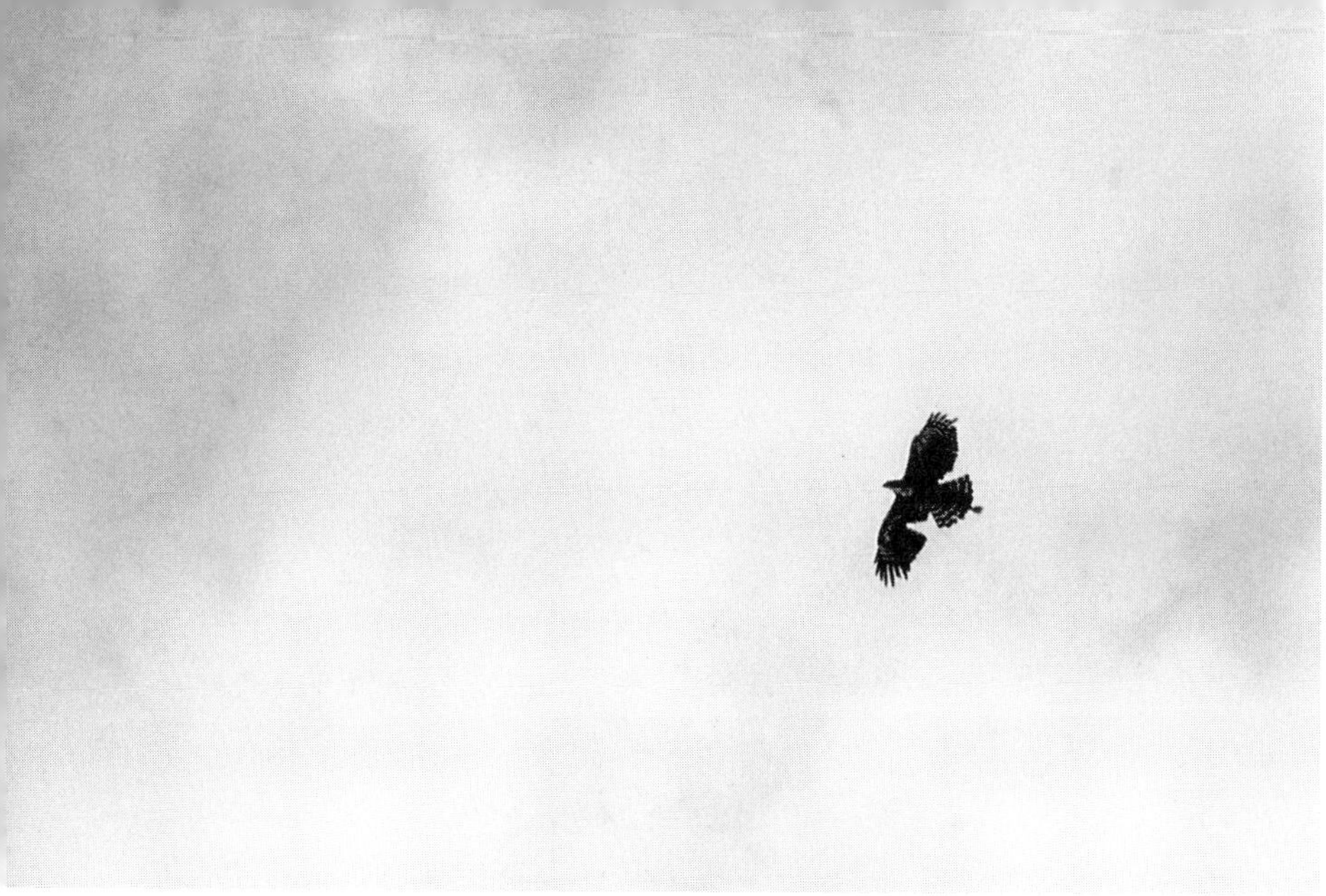

上空で獲物を探す高槻号。

ウサギが現われる。

ウサギを捕らえた瞬間。最初
は骨盤あたりに一撃。

もう一つの足で頭をつかむ。

こうなるとウサギはもう逃げることができない。

広げた両翼を下ろす。

獲物を翼で覆う。クマタカには両翼で獲物を覆い隠す習性がある。

褒美の肉をついばむ。

→褒美としてウサギの前足の肉を与える。

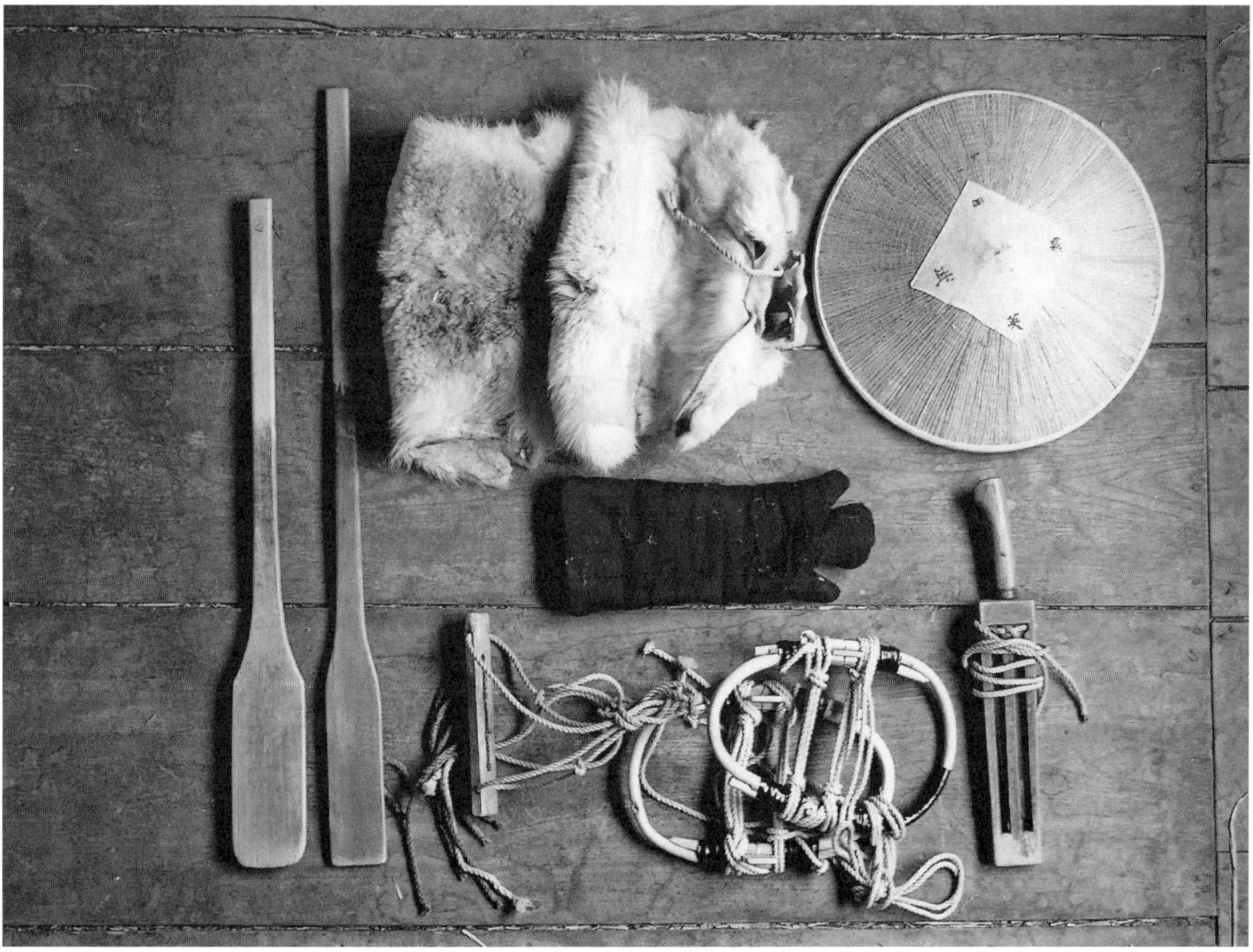

持ち歩く道具。左上から、コナギャ、犬の毛皮、笠、カケ、カンジキ、ナタ。

↑トヤから外に出す。

→トヤの高槻号。

トヤ（鷹小屋）

クマタカは山奥の大木の上に巣を作り、年に一個だけ卵を産み、六月に孵化する。巣から捕らえた鷹の雛は「巣子」と言い、人には馴れやすいが、訓練に長い時間を要した（巣を出たばかりの幼鳥は「飛び巣子」と言う）。罠で捕らえた野生の成鳥は「出鷹」と言い、人には馴れにくいが、狩りに長けていた。山中に「鷹待ち小屋」を作って泊まり込み、開けた場所にニワトリをつなぎ、その上に網を仕掛け、鷹が来るのを待った。武田さんは「巣子」から育てることが多かった。鷹は目を覆うとおとなしくなるが、攻撃性が強く、爪とクチバシは鋭利な刃物と同じで、訓練には難儀する。武田さんは「鷹にも個性があり、飼いやすい鷹と飼い馴らすのに苦労する鷹がいる」と言っていた。

鷹には我が子のように深い愛情を持って育てる。梅雨冷えの頃は、真綿に包んで懐に入れて歩き、夜も布団で温める。初めは鶏や豚の肉を切って与える。じきに自分で噛み切って食べるようになり、二ヶ月ほどでかなり大きくなる。毎日トヤ（鷹小屋）に行き、たまに外に出して止まり木につないだり、夏の暑いときはジョウロで水を頭にかけたりする。猟期以外は餌をたくさん与えるが、冬は餌の

↑目を覆い、両足をつかんで、羽を切る。年に一度、羽が生え替わるので、切り落としても、また生えてくる。

←両足をしっかりつかんで運ぶ。

量をギリギリまで落として極限状態で猟に出す。多く食べさせて元気すぎると飛んで逃げるという。武田さんは、時々鷹の胃をさすったり、糞を見たり、お椀で水を飲ませたりして体調を管理していた。

冬の猟が終わり、春になると鷹の古い羽を切り落とす。一年に一度、羽は生え変わり、山でも鷹の羽を拾うことがある。クマタカの羽は矢羽として高い値段で売られる（現在、国内のクマタカの矢羽は譲渡・譲受も禁止されている）。

←クマタカの最大の武器である爪。

↓切り落とした羽を並べる。クマタカの羽は高級な弓矢の矢羽となる。

◉最後の鷹匠

あるとき、武田さんに地元の土田一さん（当時二十八歳）が弟子入りした。土田さんの祖父と父親も鷹匠で、父親の力三さんは狩りの帰りに吹雪の中で古井戸に落ちて亡くなった。井戸のそばで鷹が離れずにいたので発見されたという。土田さんは父親の高森号を連れて武田さんと山を歩いたが、昭和五十八年七月に武田さんの高槻号が病死

→羽を束ね、矢羽として売る。

←尾羽は最高級の矢羽として特に高く売れる。

し、同年十二月に土田さんの高森号も病死した。武田さんは後継者を失い、「もっと教えることがいっぱいあったのに」と言っていた。高槻号は鳥海山の見える高い山に、白分の一番上等な服に包んで葬った。武田さんの優しさと鷹への深い愛情を感じた。

クマタカは当時すでに保護鳥として捕獲が禁止されていたが、昭和五十九年一月一日、「特殊鳥類」の指定を受け、譲渡・譲受や輸出入も原則禁止された。これにより、武田さんは鷹匠であり続けることができなくなった。

その後、山形県朝日村に松原英俊さんという青年鷹匠がいることを知り、武田さんと訪ねた。松原さんは慶応大学を卒業後、昭和四十九年に同県真室川町の老鷹匠・沓沢朝治さんに弟子入りした。通常は農民である武田さんと違って、松原さんは鷹匠をやるために山仕事の手伝いやアルバイトをして一年間の生活費を作っていた。松原さんの山小屋には、人工繁殖を目的とした大きい小屋があり、二羽のクマタカがいた。武田さんは自分の使っていた餌箱とカケを手土産に持参して松原さんに贈り、ウサギの解体方法を伝授した。昭和六十一年十月五日、武田さんの鷹匠廃業宣言により伝統の農民鷹匠はいなくなったが、松原さんは現在も国内最後の鷹匠として活躍されている。

松原英俊さんにウサギの解
体を教える。

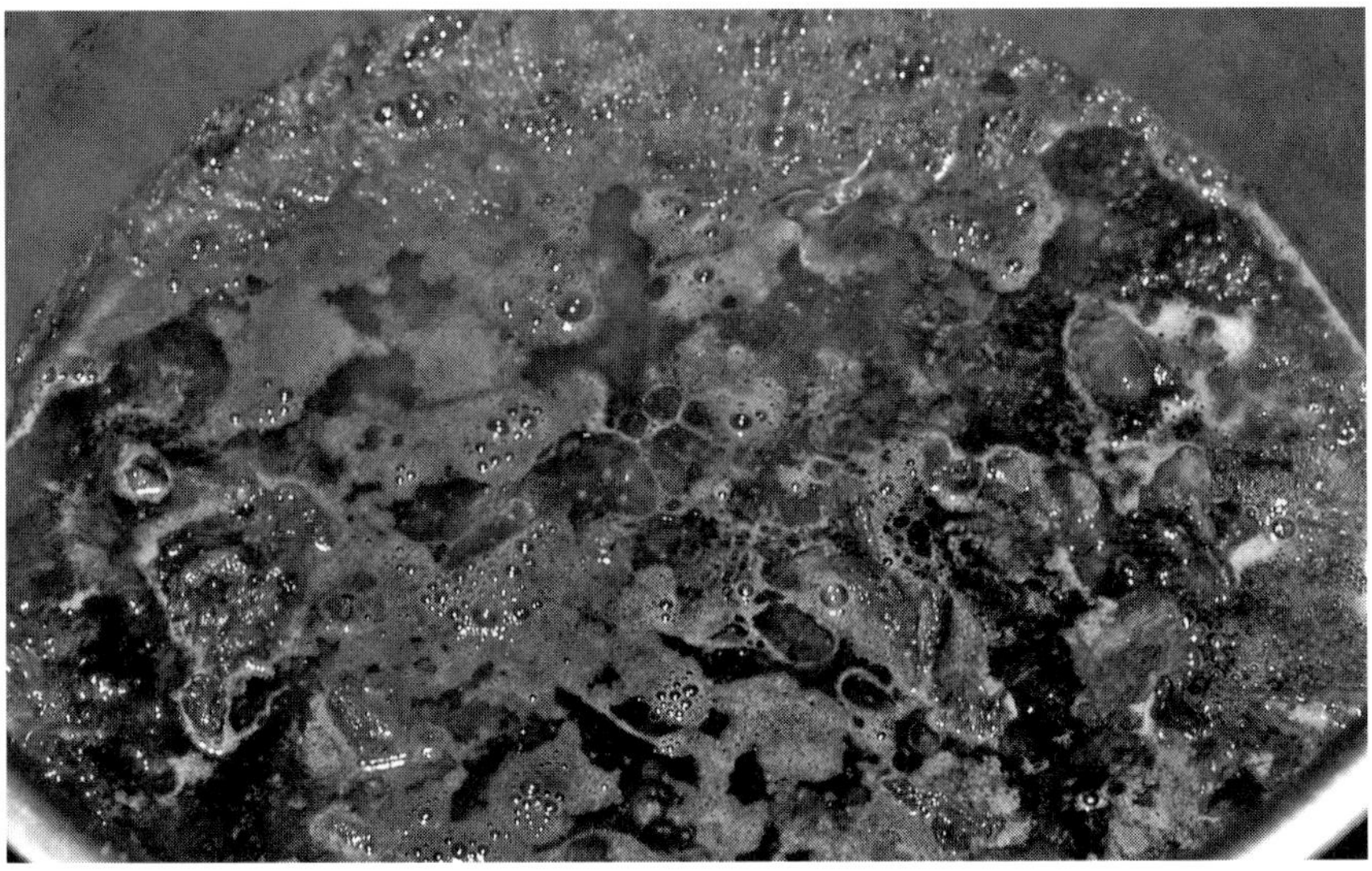

ウサギ汁。味噌で煮込む。

あとがき

タウン誌『里　かくのだて』の表紙と口絵の写真を依頼されていた頃、編集人の太田雄治さんは毎日のように私のところに立ち寄り、雑談や昔の話をしていった。私が出版社の依頼で今度こんな仕事をするのだと話すと、翌日には「この本を読んでおけ」と自分の多くの蔵書の中から関連する本を届けてくれた。私の仕事のよきアドバイザーでもあった。巨漢であり、運搬用の自転車で町の中を行く姿は、存在感があった。

太田さんが山形県鶴岡市の出版社に預けていた原稿を引き上げに行くとのことで、車の運転を頼まれ、同行した。グルメで大食漢の太田さんと鶴岡の旅館で一泊し、山海の幸を食した。帰りの車中、マタギの本の出版がボツになったと聞き、私は東京で出版社を経営していた塩野米松氏に声をかけた。彼は虫プロで一緒だった清野正信氏と翠楊社を設立し、共同経営していた。角館で同級生だった塩野氏と私は、一緒に仕事を始めた頃だった。話はすんなりと決まり、私が各地のマタギ資料を撮り歩くことになった。

太田さんは「マタギの取材のときは、一人の話だけを鵜呑みにしては駄目だ。場合によるが、必ず複数の人から情報を集めなければいけない」と言っていた。魚釣りでも、実際は十㎝だった魚が、話の中で三十㎝になることなど、よくある話だが、「マタギのホラ話」という言葉まであるくらいで、実際、現場で取材していると、その匂いを感じることがあった。また、質問は方言でするように言われた。標準語で質問すると、相手も標準語で答えようとするので、的確な答えが返ってこない場合が多い。

太田さんの本が刊行される頃には、私もすっかりマタギに興味を持つようになっていた。知人から玉川マタギのシカリ・門脇隆吉さんを紹介してもらい、同行取材を許された。門脇さんたちと山を歩くことで、いろいろなことを覚え、ますます面白くなった。ひたすら山を歩くマタギとの同行はきつかったが、少し時間が経つと、また行きたくなる。その繰り返しだった。収獲があるときは、マタギ小屋でクマ肉を食べるとパワーが出るので、翌日の山歩きも楽だった。収獲がないときは、疲労感があり、足も重く感じた。獲物は「マタギ分け」と言って、みんなで平等に分けるルールがあった。

鳥海山麓の百宅マタギにも足繁く通った。金子長吉さんは先祖代々のマタギの家系で、特別な感覚の持ち主と感じた。赤崩沢でクマが三頭獲れたときは、狩りから熊祭りまで一連の流れを記録できた。ケボカイのとき、はいだ毛皮の上でクマの頭と尻を逆にし、再び毛皮をかぶせ、マキリ（小刀）でなで、呪文を唱える。本物のマタギと感じた。自然に畏敬の念を抱き、授かり物であるクマの肉を、山の神に感謝して村中の人々に分け与える。雪深い村で古より続く営みに、共存の意味を考えさせられた。熊祭りのにぎわいに「鯨一頭、七浦潤う」という言葉を思い出した。金子さんには、クマ猟のほか、春は山菜採り、夏はイワナ釣り、秋はキノコ採りなどにも連れて行っていただいた。

その後、青森県八戸市の是川縄文館で見た「合掌土偶」には、大きな衝撃を受けた。縄文時代の祈りは、アニミズムの流れとして、マタギの山の神信仰にもつながっているように感じられた。合掌土偶については諸説あるが、私の眼には、天変地異や自然への畏れの中で、狩りの収穫に感謝する狩猟採集民の姿に見えた。マタギの熊祭りと類似の儀式は、アイヌのイヨマンテ（熊送り）など他の狩猟民族でも見られる。

昭和の終わりに、伝統マタギの最後を感じながら、私は取材を重ねた。山の神祭りも、小屋がけも、今となっては再現できない。狩猟が生業から趣味や害獣駆除へと変化し、きつい思いをして奥山まで狩りに行く人も少なくなった。クマは人家の近くまで現われ、畑の作物を荒らし、人を襲い、何人も死人が出ている。山や獣たちを畏れ、尊び、自然と共存した伝統マタギの信仰と生活技術から学ぶことは多い。

古老のマタギたちは、ほとんどの方が故人となってしまったが、取材に協力いただいたすべての方に深く感謝いたします。また、出版にあたってお世話になった塩野米松氏、農文協の馬場裕一氏、関係各位に御礼を申し上げます。

平成三十一年三月三十一日

千葉 克介

合掌土偶（国宝）。是川遺跡・縄文時代晩期。（写真提供：八戸市埋蔵文化財センター是川縄文館）

漆塗り弓。是川遺跡・縄文時代晩期。漆は耐久性を高める。ヤジリも多く出土。（写真提供：八戸市埋蔵文化財センター是川縄文館）

参考文献

太田雄治『消えゆく山人の記録　マタギ』翠揚社、1979 年
太田雄治『秋田たべもの民俗誌』秋田魁新報社、1972 年
門脇隆吉『隆吉の七十年』（私家版）　発行年不詳（1993 年以降）
谷川健一 編『サンカとマタギ』（日本民俗文化資料集成 第 1 巻）三一書房、1989 年
千葉克介「ニホンカモシカ」『しだれ桜かくのだて 桜刊』第 6 号、6 ～ 12 頁（桂の里社、1980 年）
千葉克介・撮影／塩野米松・文「鷹匠」『週刊宝石』5 巻 8 号（通巻 163 号）161 ～ 168 頁（光文社、1985 年）
鳥海町史編纂委員会、鳥海町企画課 編纂『鳥海町史』鳥海町、1985 年
戸川幸夫『マタギ　狩人の記録』新潮社、1962 年
藤原長太郎『熊撃ち一代』狩猟界社、1985 年
武藤鉄城『秋田マタギ聞書』（常民文化叢書 4）慶友社、1969 年

資料提供

塩野米松（作家）
田口　信《のぶ》（玉川マタギ・門脇隆吉の子）
田沢湖町郷土資料館（2017 年閉館）
中島秀美（玉川マタギ・中島源太郎の子）
西木村桧木内公民館（取材当時）
碧祥寺博物館（岩手県和賀郡西和賀町・旧沢内村）
黎明舎

〈使用機材〉

キヤノン F-1・New F-1（レンズ 24mm、35 ～ 70mm、80 ～ 200mm）
コンタックス RTS（レンズ 25mm、35 ～ 70mm）
ハッセルブラッド 500C/M（レンズ 50mm、マクロプラナー 100mm）
ペンタックス 645（レンズ 35mm、45 ～ 80mm）
ペンタックス 6 × 7（レンズ 55mm、135mm）

解題

塩野米松

千葉克介さんとは中学校の同期だ。団塊世代ゆえ同じ学年に八クラスもあったので、彼の存在は知っていたが、親しくするほど近くはなかった。高校も違ったし、彼が写真家として日本各地の風景を撮って歩いていることを知ったのは、私が勤めていた出版社をやめて、もの書きになった頃であった。その頃、友人が出版社を起こした。その企画や編集を手伝うようになったときに、この本のまえがきにあるような経緯で、千葉さんが師匠である太田雄治さんのマタギの原稿を持ってきたのである。本の構成変更や写真の追加をして出版に至った。以来千葉さんとは幾つも仕事をともにした。ブナの本であったり、マタギや鷹匠、トド猟など。

彼は大判のカメラを積み車で寝泊まりしながら、各地の絶景を撮る傍ら狩猟採集民の生活や行動を記録するようになっていた。私もマタギの狩りに同行し、小屋掛けや、たき火、鷹匠の話も一緒に聞き、記事にしたこともあった。

千葉さんはその頃既にたくさんの写真集も出していたし、全国規模で風景や民俗行事の写真も発表していた。いずれマタギの本を何らかの形でまとめたいと思っていたと思う。何度かそういう話が出たが、私には手に負える仕事ではなかったので、頷かなかった。ほかの自然派の作家とやるのがいいのではとかわしてきた。

農村、漁村、山で働く人、職人達と多くの人の聞き書きをしてきたが、マタギは幅が広く奥が深すぎ、ある時代のある集団の行動や生き方、信仰、日々の暮らしを文字で表現するのは手に余ると思ったからだ。子どもの頃から話に聞き、大人になっても興味を持って同行させてもらったりしたが、もう一度人生をやり直せるとしてもむずかしいと今でも思っている。

各個人がどう生き、どんな生活をしてきたかを聞き書きすることは可能かも知れないが、それは既に先人がやり、書き残している。

マタギは個人であり、集団であり、それを支え伝えてきたのは集落である。巷ではマタギは伝説の狩人達で、スーパーマンのように描かれたり、眉唾ものの話も多くひろまっている。「山言葉のこと」「儀式、呪文」「山の神の信仰のこと」「クマに槍で立ち向かう話」「鉄砲の名手達」「山を越え何里も歩き続ける」「クマを狩り暮らしている」……。多分一部はほんとうで、多くは誇張して話されている。

なにしろ文書や記録はほとんど残されず、口承だけで受け継がれてきたし、話は誇張され、ほらが混じった方がおもしろい。

「マタギ」という言葉一つとっても、由来はさまざま。多くの推測や憶測、一人勝手な独断で、長いこと暗中模索の状態だった。これからも真実には届かないだろう。

多くのマタギの集落は山の中にある。田や畑は少なく、森や川、野のもの、さまざまに活用して生きてきた。決して楽ではなかったと思う。その中で山の獣や鳥を糧にし、毛皮を売り、肝や血や骨をクスリとして売りさばき生計の足しにした。

この本の中には、玉川マタギの門脇隆吉シカリが残した記録の一部が掲載されている。私も何度かお会いし山にも連れて行ってもらった。イワナ釣りに行き偶然山の温泉（といっても川全体が天然の湯で、そこをせき止めて作ったものだが）で出会って、話を聞いたりした。マタギをしていれば、していない者達よりも十分収入が多かったという話も聞いた。クマももちろんお金になったろうが、そんなに数が捕れるものではない。テンやムササビ、タヌキ、キツネなどの毛皮が高値で売れたのである。マタギイコールクマ撃ちではないのである。

クマの肝売りを専業とする売薬の人たちもいた。彼らは各地を歩き、炭焼きや山仕事の人など、簡単にクスリが手に入らず医者にもかかれない地域に置き薬をして料金の回収に再訪していた。私の縁の者が阿仁のクスリ売りに請われマタギ村に山形から嫁いでいる。さまざまに職業が連なってマタギという生業が成り立っていたのである。

マタギ達は猟の方法や狩り場、商売の仕方を人に漏らさなかった。それが生きる方法だったからだ。マタギの文化や生き方を正確に、隆盛の時代を過ぎた今記録するのはむずかしいことである。

しかし、千葉さんは長い時間狩りに同行し、祭りに参加し、暮らしに混じり、撮影を続けてきた。地味で手間のかかる仕事であった。そうして撮られた写真にはたくさんの情報が含まれている。山に何を持って行き、どうやって食事をしたか、服装は、銃は、狩りの方法は……。何を食べ、何を飲んでいたのか。大事なことなのに、一番先に忘れられるのは日常の暮らしである。文字では表しづらい記録がこうして残された。昭和のマタギの貴重な記録である。

マタギと呼ばれた狩りの集団は時代の流れのなかで消えた。今ではハンターをマタギと呼んでいる。伝統的な文化、生き方、知恵は一部は受け継がれているだろうが、「マタギ」は消えてしまった。ここにこの本の貴重さと長い時間をかけた千葉さんの仕事の大きな意味がある。日本の出版界衰退のなかで、この本が一冊にまとめられ、世に残されたことは奇跡に近い。

著者略歴

千葉克介（ちば・かつすけ）
1946 年、秋田県角館町生まれ。写真家。1970 年から東北を中心に活動。1979 年、太田雄治著『消えゆく山人の記録　マタギ』で民具その他資料の撮影を担当。マタギに興味を持ち、その後も撮影を続ける。1988 年「黎明舎」設立。世界環境写真家協会会員。1990 〜 2000 年、おいらせ渓流観光センターで常設展「十和田・奥入瀬・八甲田」。1993 年、朝日新聞東京本社ほかで「北の彩り・秋田」。2000 年、全国観光ポスター展で銀賞受賞。2003 年、デンマークで「JAPAN JAPAN JAPAN」。2007 年、青森県立美術館で「青森の自然」。2019 年、韓国・ソウルで「Landscape Japan『春夏秋冬』」。

主な著書に『消えゆく山人の記録　マタギ』（撮影担当、翠揚社）、『伝統産業 樺細工』（撮影担当、角館町樺細工伝承館）、『みちのく四季彩』（ぎょうせい）、『十和田 奥入瀬 八甲田』（旅行読売出版社）、『千年ブナの記憶』（撮影担当、七賢出版）、『紅葉をとるカメラワーク』（主婦と生活社）、『西馬音内盆踊り』（常磐洋紙）など。

消えた山人《やまびと》　昭和の伝統マタギ

2019 年 8 月 5 日　第 1 刷発行

著　者　千葉克介
発行所　一般社団法人　農山漁村文化協会
〒 107-8668　東京都港区赤坂 7 － 6 － 1
電話　03 (3585) 1142 (営業)　03 (3585) 1147 (編集)
FAX　03 (3585) 3668　　振替　00120-3-144478
URL　http://www.ruralnet.or.jp/

ISBN978-4-540-15100-2
〈検印廃止〉

DTP制作／エムエヌデザイン
印刷・製本／凸版印刷（株）

定価はカバーに表示